Der Mensch in seinen Welten
Das neue Rautenstrauch-Joest-Museum
Kulturen der Welt

Der Mensch in seinen Welten
Das neue Rautenstrauch-Joest-Museum
Kulturen der Welt

Herausgegeben von
Jutta Engelhard und Klaus Schneider

Ethnologica Neue Folge Band 28

Wienand Verlag

Inhalt

Grußwort

Als in der Nacht des 25. November 1897 mein Großonkel Wilhelm Joest im Alter von 45 Jahren in der Südsee vor der Insel Ureparapara am Schwarzwasserfieber starb, ging ein intensives Forscherleben zu Ende, das Joest auf zahllosen Reisen rund um den Erdball geführt hatte.

Joests private Sammlung an Ethnografica von den zahlreichen Kulturen, die er besucht hatte, zählte etwa 3 500 Stücke. Im Wilhelm-Joest-Raum des neuen Museums sind seine Reisen anschaulich dokumentiert. Da er keine direkten Nachkommen hinterließ, vererbte er seiner einzigen Schwester, meiner Großmutter Adele Rautenstrauch (1850–1903), diese Sammlung. Großvater Eugen (1842–1900) war Mitglied des Rates unserer Stadt, und so lag es nahe, dass man die Sammlung seiner Vaterstadt schenkte, um sie der Wissenschaft, insbesondere den Studierenden der Handelshochschule, zu öffnen.

Köln besaß am Anfang des 20. Jahrhunderts noch keine Gesamtuniversität. Erst unter Oberbürgermeister Konrad Adenauer erfolgte 1919 die Ausweitung der vorhandenen Fachhochschulen zu einer Volluniversität. Die alte, vorwiegend katholisch-philosophisch von Albertus Magnus geprägte Universität war 1798 von den Franzosen geschlossen worden.

Die Stadt stellte ein Grundstück am Ubierring in der Kölner Südstadt zur Verfügung, auf dem die Familie einen heute dort noch vorhandenen Museumsbau errichten ließ, den mein Vater am 12. November 1906 der Stadt als Geschenk übergab. Außerdem war die Familie bereit, das Grundgehalt des ersten Direktors für zehn Jahre zu übernehmen und hatte dafür den ausgewiesenen Ethnologen Wilhem Foy ausgesucht, der ab 1. Oktober 1901 das Museum über ein Vierteljahrhundert leitete und wesentlich zur Erweiterung der Sammlung beitrug. Schon 1910 konnte er einen Sammlungsbestand von 25 600 Objekten vorweisen. Dazu kamen 200 Walzen und 70 Platten für phonografische Vorführungen, 1 150 Lichtbilder und eine Fachbibliothek mit 3 650 Bänden. Heute umfasst die Sammlung über 60 000 Ethnografica, die Fachbibliothek etwa 40 000 Bände und das Historische Fotoarchiv an die 100 000 Fotografien.

Die ersten hundert Jahre des Rautenstrauch-Joest-Museums sind auch von zwei Weltkriegen, die das Deutsche Reich begonnen und verloren hat, geprägt.

Im Zweiten Weltkrieg wurde Köln zerstört, aber es war Direktor Martin Heydrich gelungen, die Sammlungen rechtzeitig in ein Bergwerk in Thüringen auszulagern; Friedrich W. Funke führte sie als kommissarischer Direktor in den ersten Nachkriegsjahren mit Billigung der russischen Besatzung zurück nach Köln, so dass sie von bedeutenden Kriegsverlusten verschont blieben.

Ich bin sehr dankbar, dass die Stadt Köln den Neubau des Museums nunmehr mit Hilfe des Landes Nordrhein-Westfalen durchgeführt hat, und ich somit beruhigt den Vorsitz der Museumsgesellschaft zur Förderung des Rautenstrauch-Joest-Museums, den ich über 50 Jahre lang inne hatte, in jüngere Hände legen kann.

Ludwig Theodor von Rautenstrauch

Vorwort

Ende 1995 fasste der Rat der Stadt Köln den Beschluss eines Neubaus für das Rautenstrauch-Joest-Museum an der Cäcilienstraße im Zentrum der Domstadt. Ein Jahr später war der europaweit ausgeschriebene Architektenwettbewerb entschieden: Das Braunschweiger Architektenbüro Schneider & Sendelbach erhielt den Auftrag, den Neubau zu erstellen. Im November 2002 begann der Abbruch der Kunsthalle und der Volkshochschulforen auf dem Bauareal Josef-Haubrich-Hof. Doch noch viel Wasser sollte den Rhein hinunterfließen bis zum tatsächlichen Baubeginn – zunächst der Tiefgarage im Februar 2005. Im Juni 2005 erfolgte die Grundsteinlegung für das neue Museum, 99 Jahre nach der Eröffnung des Rautenstrauch-Joest-Museums für Völkerkunde am Ubierring in der Kölner Südstadt. Im Sommer 2010 gelang schließlich die Fertigstellung des Gebäudes. Nun endlich ist es soweit: Überglücklich übergeben wir das neue »Rautenstrauch-Joest-Museum – Kulturen der Welt« der Öffentlichkeit!

Aufgrund eines großartigen Sammlungsbestandes und wegweisender Ausstellungskonzepte gehört unser Haus – nach wie vor einziges kommunales Museum seiner Art im bevölkerungsreichsten Bundesland Deutschlands, Nordrhein-Westfalen – schon lange zu den führenden Völkerkundemuseen in Westeuropa. An seinem neuen Standort erfüllt der Neubau mit großzügigen Ausstellungs- und Veranstaltungsflächen, modernen Werkstätten und Depots nunmehr internationale Standards.

3 600 Quadratmeter umfasst der sich über drei Ebenen erstreckende Ausstellungsparcours, der eine Vielzahl der zu verschiedenen Zeiten aus unterschiedlichen Interessen gesammelten Schätze des Hauses aus allen Teilen der Welt inszeniert. Die Neukonzeption, die nicht länger Regionen, sondern Themen in den Vordergrund der Betrachtung stellt, orientiert sich am Kulturenvergleich. Unter dem Motto »Der Mensch in seinen Welten« lädt der in Zusammenarbeit mit dem Atelier Brückner, Stuttgart, gestaltete Ausstellungsparcours zu einer Entdeckungsreise der besonderen Art ein, zu einer aktiven Begegnung mit neuen und alten, fremden und vertrauten Welten.

Der vorliegende Ausstellungskatalog folgt inhaltlich dem Themenparcours. Er bildet die wichtigsten Ausstellungsobjekte durchgängig farbig ab; darüber hinaus beleuchten zahlreiche In-situ-Fotos ihren ursprünglichen Kontext.

Allen an der Konzeption und Realisierung dieses anspruchsvollen Ausstellungs- und Katalogprojektes mit großartigem Engagement beteiligten Personen beiderlei Geschlechts gilt unser herzlicher Dank: den Wissenschaftlern, Restauratoren, Fotografen und Filmemachern, Übersetzern, Ausstellungs-, Medien- und Lichtgestaltern, Grafikern, Ausbaufachleuten und Verwaltungsmitarbeitern. Der Museumsgesellschaft RJM und der Kreissparkasse Köln danken wir für die Finanzierung des Katalogs, dem Wienand Verlag für die erfolgreiche Zusammenarbeit.

Jutta Engelhard
Projektleiterin

Klaus Schneider
Direktor

Das neue Rautenstrauch-Joest-Museum Kulturen der Welt

Die wachsende Mobilität der Menschen, ihre weltweite Vernetzung, der stetig zunehmende Warenverkehr verändern in zunehmendem Maße lokale und regionale Besonderheiten auf der ganzen Welt; viele ihrer Erscheinungsformen geraten in Vergessenheit, werden transformiert oder neu erfunden. Das Museum als Ort der Bewahrung von vornehmlich materiellen Zeugnissen der kulturellen Vielfalt ist heute populärer denn je, sein ›Quellenmaterial‹ hat unwiederbringlichen Wert. Nach wie vor – und im besonderen Maße in unserer von virtuellen Realitäten geprägten Zeit – steht das authentische Objekt mit seiner individuellen Aura im Zentrum der Museumsarbeit. Viele der mit ihm originär verbundenen Geschichten sind auf seinem Weg ins Museum verloren gegangen. Seine Inszenierung im musealen Kontext erschließt gewisse Aspekte seines einstigen Bedeutungszusammenhangs. Jedoch lassen sich einem Objekt meistens ganz unterschiedliche Geschichten entlocken – je nachdem, wer es wann und mit welcher Intention befragt. Heute können auch die Besucher Fragen stellen; längst hat sich das Museum vom einstmals elitären ›Musentempel‹ zur lebendigen Begegnungsstätte gewandelt; seine Vermittlungsarbeit bietet heute allen Bevölkerungsschichten und unterschiedlichen Zielgruppen Möglichkeiten der gesellschaftlichen Teilhabe.

In Nordrhein-Westfalen nimmt das Rautenstrauch-Joest-Museum bis heute eine Sonderstellung ein: Als einzige öffentliche Institution seiner Art widmet es sich seit nunmehr über einhundert Jahren mit einem breit gefächerten Ausstellungs- und Veranstaltungsprogramm der Vermittlung von Aspekten außereuropäischer Geschichte und Kultur und kommt so einem bildungspolitischen Auftrag nach, der für die Bewältigung aktueller Fragestellungen und Probleme des Zusammenlebens in einer multikulturell geprägten Gesellschaft immer größere Bedeutung gewinnt: Nur die Kenntnis von anderen Kulturen und das Wissen über andere Lebensentwürfe fördern das gegenseitige Verständnis, die Wertschätzung und Toleranz zwischen Menschen auch in der unmittelbaren Nachbarschaft.

Als ›Völkerkundemuseum‹ hat das Rautenstrauch-Joest-Museum eine eigene, nicht unproblematische Geschichte: Sein mit der Kolonialzeit eng verbundener Sammlungsbestand ist zum großen Teil das Ergebnis territorialer Expansion seitens deutscher Soldaten, Verwaltungsbeamter, Missionare, Kaufleute und Forschungsreisender in außereuropäische Regionen und der in der Regel gewaltsamen Aneignung der Artefakte von seinerzeit in Europa noch weitgehend unbekannten Kulturen. Mit den nach Deutschland verbrachten Objekten lassen sich auch heute noch Aussagen über eben diese Kulturen machen – ebenso viel aber sagen sie über die Kultur aus, der die Sammler angehörten. Der Blick des Sammlers ist deshalb stets kritisch zu hinterfragen: Manchmal mag er unvoreingenommene Neugier gezeigt und sein Gegenüber auf Augenhöhe getroffen haben, weitaus öfter jedoch wird er von Vorurteilen getrübt und von oben herab auf den ›Fremden‹ gerichtet gewesen sein. Eine Sammlung ist somit stets nur eine Momentaufnahme von Aspekten einer Kultur, wie sie der europäische Blick zu einer bestimmten Zeit erfasste. Sie bedarf zwingend der Ergänzung.

Das 1901 gegründete Rautenstrauch-Joest-Museum wurde 1906 in der Kölner Südstadt eröffnet. Hervorgegangen war es aus der über 3 500 Objekte umfassenden Privatsammlung des Weltreisenden Wilhelm Joest, die dieser nach seinem frühen Tod im Jahr 1897 seiner in Köln mit Eugen Rautenstrauch verheirateten Schwester Adele hinterlassen hatte. Zum Gedenken an ihren Bruder und ihren drei Jahre später ebenfalls verstorbenen Ehemann finanzierte Adele Rautenstrauch den Bau des Museums, dessen Sammlungsbestand heute über 60 000 Objekte aus Ozeanien, Afrika, Asien und Amerika, 100 000 historische Fotografien und 40 000 Fachbücher umfasst. Das historische, im Zweiten Weltkrieg durch Bomben beschädigte Gebäude war trotz eines Anbaus Mitte der 1960er Jahre mit der Zeit für Sammlung und Ausstellungsprogramm zu klein geworden. Zudem hatten die beiden ›Jahrhunderthochwasser‹ 1993 und 1995 die unterirdisch gelegenen Depotflächen unbrauchbar gemacht. Ein Neubau wurde zwingend notwendig. Nach nahezu 15-jähriger Planungs- und Realisierungszeit präsentiert sich das neue Museum nunmehr in einem modernen Zweckbau an der Cäcilienstraße in der Nähe des Neumarktes der Öffentlichkeit als »Rautenstrauch-Joest-Museum – Kulturen der Welt«. Der Namenszusatz setzt eine Zäsur in der über einhundertjährigen Geschichte des Kölner Traditionshauses und verweist auf die Programmatik des neuen Museums.

Neukonzeption

Die Neupräsentation verzichtet auf die in vergleichbaren Häusern übliche Darstellung geografischer Großräume, die nur vorgibt, eine Vielfalt von Kulturen in unterschiedlichen Lebensräumen, Regionen, Ländern, sogar ganzen Kontinenten zu umfassen – noch dazu oft über viele Jahrhunderte. Stattdessen folgt die Kölner Ausstellung einem thematisch orientierten Parcours, dessen in sich abgeschlossene Themenblöcke und Einzelthemen jeweils für sich oder im Verbund vom Besucher nach individuellen Wünschen rezipiert werden können. Im Mittelpunkt der Betrachtung steht »Der Mensch in seinen Welten«. Exemplarisch verfolgt das Konzept Fragen der Lebensgestaltung über Raum und Zeit – es geht um Themen, die Menschen überall auf der Welt verbinden und bewegen, denen sie aber je nach regionaler und kultureller Prägung auf jeweils eigene Weise begegnen. Universale Aspekte der Lebensgestaltung verschiedener Kulturen werden dabei nebeneinander oder gegenübergestellt; der Kulturen vergleichende Ansatz betont das gleichberechtigte Dasein und die Ebenbürtigkeit aller Kulturen und vermittelt Denkanstöße und Dialogansätze. Der Einbezug unserer eigenen Kultur in die vergleichende Betrachtung trägt zur Relativierung des eigenen Standpunkts bei. Der Zugang zu den einzelnen Themen erfolgt jeweils über Aspekte der vertrauten Umgebungskultur: Von dieser europäischen Warte aus erhalten die Besucher Einblicke in andere Welten.

Die Ausstellungsgestaltung arbeitet mit Mitteln der Szenografie. Jedes Thema entwickelt sich in einem eigenen Raum, in welchem sich die Objekte mit ihrer Aura entfalten. Das jeweilige Raumbild, zu dem die gesamte Innenarchitektur inklusive der Gestaltung des Bodens, der Wände und Decke ebenso beiträgt wie die Grafik und Lichtführung, verstärkt die Inhalte des Themas. Der teilweise modulare Charakter der Ausstellungsarchitektur erleichtert den Wechsel von Einzelexponaten und Exponatgruppen im Rahmen des weit gefassten Themenparcours, der eine Veränderung der gesetzten Schwerpunkte jederzeit zulässt. Im Laufe der Zeit kann so eine große Anzahl von Objekten, die schon lange nicht mehr oder gar noch nie ausgestellt waren, in die Ausstellung integriert werden. Aspekte des Kulturwandels werden an möglichst vielen Stellen des Parcours berücksichtigt: Seit jeher begegnen sich Kulturen, sie vermischen sich, passen sich an, grenzen sich ab und wandeln sich; in der globalisierten, von gegenseitigen Abhängigkeiten und Wechselbeziehungen geprägten modernen Welt vollziehen sich diese Prozesse immer schneller.

Gestaffelte Informationsebenen in Wort und Bild ermöglichen die gezielte Vertiefung in einzelne Themenbereiche. Spezielle Medieneinheiten – ›BlickPunkte‹ – laden zur Beschäftigung mit Fragestellungen ein, die in unserer eigenen Gesellschaft diskutiert werden. Darüber hinaus eröffnet die Fachbibliothek des Museums den Besuchern Zugang zu 40 000 Monografien und Fachzeitschriften. Kinder finden in den einzelnen Abteilungen des Parcours gezielte Ansprache. Ein eigenes ›JuniorMuseum‹ bietet Jugendlichen spannende Explorationsmöglichkeiten: Der Besuch bei fünf jungen Protagonisten zu Hause in ihren jeweiligen Heimatländern weckt Neugier auf Feste und Rituale, die den Übergang vom Mädchen zur Frau und vom Jungen zum Mann in anderen Teilen der Welt markieren. Ein Medienraum und zwei Werkräume stehen für die kreative Arbeit unter Anleitung des museumspädagogischen Teams zur Verfügung. Veranstaltungen aller Art im multifunktionalen Veranstaltungssaal und im Foyer rund um das größte Exponat des Rautenstrauch-Joest-Museums – einen Reisspeicher aus Tana Toraja – ergänzen den Themenparcours. Sie sensibilisieren die Besucher für die Sichtweisen anderer Kulturen und machen das Museum als Ort der Begegnung, des Dialogs und der gesellschaftlichen Teilhabe erfahrbar.

Ausstellungsparcours

Der Themenparcours »Der Mensch in seinen Welten« begrüßt die Besucher mit einem Prolog und verabschiedet sie mit einem Epilog. Dazwischen stehen – nach einer Einstimmung – die zwei Themenkomplexe »Die Welt erfassen« und »Die Welt gestalten« mit jeweils mehreren Unterthemen.

»Die Welt erfassen« widmet sich vier unterschiedlichen Begegnungsebenen mit anderen Kulturen aus europäischer Sicht:

- Reisende verkörpern im 19. Jahrhundert die Sehnsucht des weltläufigen Bildungsbürgers nach Horizonterweiterung durch kulturelle Begegnung fern der Heimat.

- Vorurteile dienen dazu, das ›Fremde‹ in das eigene Weltbild einzuordnen und sich gegenüber dem ›Anderen‹ abzugrenzen; sie zielen oft auf eine Aufwertung des Eigenen und Abwertung des Anderen.
- Ethnologische Museen spiegeln die Begegnung mit anderen Lebenswelten in ihren Sammlungen; sie bewahren und erforschen materielle Zeugnisse von Gesellschaften aus aller Welt und vermitteln in Ausstellungen Sichtweisen auf Kulturen.
- Die rein ästhetische Wahrnehmung von Artefakten ist eine weitere Möglichkeit, sich ›fremden‹ Kulturen zu nähern; bei dieser vom europäischen Kunstverständnis geprägten Sicht tritt der ursprüngliche funktionale Kontext des Werkes in den Hintergrund.

»Die Welt gestalten« vermittelt mit fünf Unterthemen vielfältige Einblicke in verschiedene Formen der Lebensgestaltung in Raum und Zeit:

- Verschiedene Lebensräume bedingen unterschiedliche Wohnformen; der Wohnraum prägt die Identität.
- Mit Kleidung und Körperschmuck positionieren sich Individuen in der Gemeinschaft; die Inszenierung kann vielfältige Botschaften vermitteln.
- Der Tod trifft jeden und fordert dazu auf, die Krisensituation in der Gemeinschaft zu überwinden.
- Religion ist grundlegender Ausdruck von Weltbildern; seit Urzeiten versuchen Menschen, Antworten auf existenzielle Fragen zu finden.
- Menschen führen Rituale religiöser Art durch, um übernatürliche Kräfte zu ihren Gunsten zu beeinflussen; Masken spielen hierbei häufig eine zentrale Rolle.

Der Aufbau des Katalogs folgt dem Ausstellungsparcours. Eine Auswahl aus der Vielfalt ausgestellter Objekte findet sich in zahlreichen Farbabbildungen wieder; historische und aktuelle In-situ-Fotos veranschaulichen ihren Kontext.

Ausstellungsparcours
»Der Mensch in seinen Welten«

Wahrzeichen des neuen Museums: Reisspeicher

Prolog

Einstimmung: Musik

»Die Welt erfassen«

Begegnung und Aneignung: Grenzüberschreitungen

Der verstellte Blick: Vorurteile

Die Welt in der Vitrine: Museum

Ansichtssachen?!: Kunst

Übergang: Türen

»Die Welt gestalten«

Lebensräume – Lebensformen: Wohnen

Der Körper als Bühne: Kleidung und Schmuck

Der inszenierte Abschied: Tod und Jenseits

Vielfalt des Glaubens: Religionen

ZwischenWelten: Rituale

Epilog

Wahrzeichen des neuen Museums Reisspeicher

Wahrzeichen des neuen Rautenstrauch-Joest-Museums ist das größte Exponat im Sammlungsbestand: ein prächtig dekorierter historischer Reisspeicher von der indonesischen Insel Sulawesi. Mit seinem weit auskragenden Dach ist der ohne einen Nagel konstruierte Speicherbau ein eindrucksvolles Zeugnis traditioneller Architektur und Zimmermannskunst der Sa'dan Toraja.

In den Siedlungen der Toraja bilden Wohnhaus und Reisspeicher eine Einheit: Das Haus hat privaten Charakter und wird als ›Mutter‹ bezeichnet; auf der Plattform des ›Vater‹ genannten Speichers versammelt man sich, um gemeinsam zu arbeiten, zu feiern und zu ruhen. Hier werden auch Gäste empfangen und bewirtet, Neugeborene öffentlich willkommen geheißen und Verstorbene verabschiedet. Haus und Speicher sind das soziale und religiöse Zentrum des Familienverbandes *rapu*. Die Anzahl, Größe und Ausstattung der Gebäude bezeugt den Reichtum, Status und das traditionelle Weltbild der Gemeinschaft. Reiche Schnitzereien und farbige Bemalung sind das Privileg ranghoher Familien.

Mußestunde im Schatten des Reisspeichers
Gantiri, Tana Toraja, Indonesien, Südostasien, 2007

Reisspeicher *alang sembang*
Pantanakan Lolo, Region Kesu', Sa'dan Toraja, Südsulawesi, Indonesien, Südostasien, um 1935
Holz, Farbe, Bambus, Rotang; H 750 cm
Geschnitzt von Ne'Kambane
Restauriert von den Kalker Werkstätten, Köln, mit großzügiger finanzieller Unterstützung der Kölner Kulturstiftung der Kreissparkasse Köln
RJM 56000

Reisspeicher des Rautenstrauch-Joest-Museums vor seinem Abbau
Tana Toraja, Südsulawesi, Indonesien, Südostasien, 1983

Pars pro toto

Der Reisspeicher im Foyer spricht sämtliche Themen des neuen Ausstellungsparcours »Der Mensch in seinen Welten« exemplarisch an. Er steht pars pro toto für das neue Rautenstrauch-Joest-Museum – Kulturen der Welt. Themenbereiche wie beispielsweise Musik, Kunst, Status, Tod und Jenseits vermitteln vielfältige Einblicke in Formen der Lebensgestaltung und -bewältigung zu verschiedenen Zeiten und in verschiedenen Teilen der Welt.

Flötenspieler begrüßen die Gäste
Paniki, Tana Toraja, Indonesien, Südostasien, 2007

Themenbereich Musik

Bei den Sa'dan Toraja auf Sulawesi begleiten Musik und Tanz viele Rituale – so auch das Bestattungsritual für einen hochrangigen Verstorbenen, an dem Hunderte Verwandte, Freunde und Nachbarn teilnehmen. Zu ihrer Begrüßung erklingt eine bestimmte Trauermelodie auf Bambusflöten. Auf dem Platz zwischen dem Stammhaus des Familienverbandes und den gegenüber angeordneten Reisspeichern wird der Kreistanz *Ma'badong* aufgeführt. Ihre Bewegungen begleiten die Tänzer mit an- und abschwellendem Gesang.

Kreistanz *Ma'badong*
Paniki, Tana Toraja, Indonesien, Südostasien, 2007

Themenbereich Kunst

Die Reisspeicher adliger Familien in Tana Toraja sind – ebenso wie die dazugehörigen Wohnhäuser – Meisterwerke der traditionellen Handwerkskunst. Hohes Ansehen genießen die Schnitzer. Eine lange Lehrzeit und viel Erfahrung macht sie sicher im Umgang mit der Konvention und dem eigenen künstlerischen Ausdruck. Eingeweihte können die Handschriften der verschiedenen Schnitzer ›lesen‹. So identifizierte der Schnitzer Turo Todingan aus Ba'tan seinen Meister Ne'Kambane als denjenigen Künstler, der den im Rautenstrauch-Joest-Museum ausgestellten Reisspeicher um 1935 in Tana Toraja dekorierte.

Von den über 200 Mustern sind heute noch etwa 60 in Gebrauch.[1] *Pa'kabu baka* bezeichnet das komplexe Hauptmotiv des abgebildeten Musterfeldes, das einen Flechtkorb repräsentiert, in dem wertvolle Erbstücke der Familie aufbewahrt werden.

Schnitzer Turo Todingan
Ba'tan, Tana Toraja, Indonesien, Südostasien, 2007

Musterfeld *pa'kabu baka* des Reisspeichers im Rautenstrauch-Joest-Museum

Musik ist die gemeinsame Sprache der Menschheit. Sie spricht die Sinne an, berührt die Herzen und vermittelt spielerisch Zugang zu neuen Horizonten. Musik kennt keine Grenzen.

Techno, House, Pop- und Rockmusik, 5D-Musik, Tafelmusik, Tanzmusik, Alte Musik, Neue Musik, Kirchenmusik, Kammermusik, Volks- oder Kunstmusik – Musik ist in unserem Leben allgegenwärtig: Sie erklingt oft schon frühmorgens im Radiowecker, verkürzt die Joggingstrecke ebenso wie den Schulweg via MP3-Player, unterhält zu Hause und unterwegs über CD-Spieler, Radioapparat und Fernsehgerät, beschallt die Kundschaft im Supermarkt und Fitness-Studio, ist Teil der Wohlfühlatmosphäre im Café und Schönheitssalon, versetzt in Feierlaune und beruhigt vor dem Schlafengehen. Heutzutage gibt es Musik für jede Gelegenheit, jede Stimmung und jeden Geschmack. Musik ist Teil des Zeitgeistes und Ausdruck sowohl des individuellen als auch des kollektiven Lebensgefühls.

Dabei war Musik bis vor nicht allzu langer Zeit ein flüchtiges Medium und dadurch unmittelbar an einen bestimmten Ort, eine bestimmte Zeit und an einen bestimmten Personenkreis gebunden. Mit der Erfindung des Edison-Phonographen im Jahr 1877 aber wurde sie reproduzier- und fortan jederzeit abrufbar; die Technik stellte die Musik in den Dienst des Individuums. In weiten Teilen der Welt wurde sie bis dahin eher selten zum eigenen Genuss oder als Ausdruck einer persönlichen Stimmung rezipiert, vielmehr war Musik stets Gemeinschaftsereignis, indem sie wichtige Zusammenkünfte begleitete. Bis heute empfängt man überall auf der Welt Gäste mit Musik. Vielfach erklingt sie bei den Festen im Lebens- und Jahreszyklus der Gemeinschaft – etwa bei Geburten, Initiationen, Hochzeiten, Trauerfeiern, Aussaat- und Erntedankfeiern.

Palästinenserin vor Edison-Phonograph, 1930

Was ist Musik? Unzählige Begriffsbestimmungen fokussieren stets bestimmte Bestandteile dieses Phänomens, eine umfassende Definition gibt es jedoch nicht. Sicher ist: Musik hat etwas mit Tönen und Geräuschen zu tun, die über das Gehör wahrgenommen werden. Auch der Gesang der Vögel und Wale weist Tongruppierungen, -wiederholungen und -reihen auf – aber nur der Mensch ist in der Lage, Töne und Geräusche willentlich zu verändern, etwa die Tonhöhe, Lautstärke, Tondauer oder Klangfarbe. Mithilfe der Stimme, eines Musikinstruments oder eines elektrischen Tongenerators kann der Mensch zudem Melodien bilden, die zeitliche Folge von Tönen zu Rhythmen verdichten, und – indem er

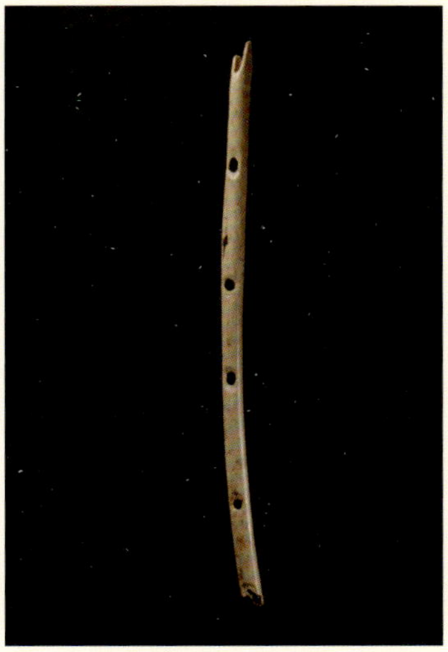

Knochenflöte vom Hohlen Fels, Schwäbische Alb, Deutschland

Szene aus einer Chinesischen Oper, 2008

gleichzeitig mehrere Töne zueinander in Beziehung setzt – Harmonien erzeugen. Musik ist somit ein kreativer Akt, der jedoch ohne Beteiligung des Intellekts kaum entstehen kann.

In den Mythen der Völker freilich sind Götter und Geister die Schöpfer der Musik: So gilt im Hinduismus Brahma als Gott der Sprache und der Musik; im Alten Ägypten wurden Thot als Gott der Schreibkunst und Musik und Hathor als Göttin des Tanzes und Gesangs verehrt; die Azteken holten auf Geheiß der Götter die Musik von der Sonne, den Inuit und auch einigen westafrikanischen Völkern wurde sie von Geistwesen zum Geschenk gemacht.

Seit wann gibt es Musik? Musik war wohl stets Teil der Kultur der Menschheit. Die ältesten Funde von Knochenflöten auf der Schwäbischen Alb sind etwa 35 000 Jahre alt. Flöten und Trommeln sind die ersten von Menschen geschaffenen Instrumente. Die Sumerer erfanden die Leier, in der assyrischen und babylonischen Kultur wurden Langhalslauten und Trompeten gespielt. Seinerzeit stand die Musik noch weitgehend im Dienst des Kultes. Aber im Alten Ägypten etablierte sich die bereits entwickelte Vokal- und Instrumentalmusik auch in der Festkultur; es gab erste Ansätze einer Notenschrift und eines ›Dirigenten‹, der das Zusammenspiel der verschiedenen Instrumente lenkte. Ebenso war die Musik im Alten China bereits virtuos. Über Raum und Zeit hat die Menschheit eine große Vielfalt an musikalischen Ausdrucksformen erfunden; überall existieren unterschiedliche Konzepte von Musik, die Klangvorstellungen unterscheiden sich ebenso wie die musikalischen Formen und Strukturen. Kulturkontakte führten zu Übernahmen und Adaptionen in den verschiedenen Musiktraditionen der Völker.

Ist Musik zu verstehen? Musik spricht eine universelle Sprache, sie teilt sich über das Gefühl mit, man kann sie intuitiv erfassen – aber ohne Beteiligung des Intellekts ist sie kaum ›richtig‹ zu verstehen. Wer etwa zum ersten Mal die Inszenierung einer Oper von Richard Wagner erlebt, kann die Musik schön finden oder auch nicht – wenn er nicht ein Grundwissen über die europäische Zeit- und Musikgeschichte, das Leben des Komponisten in seiner Zeit, seine Philosophie und Musikauffassung, seine Technik und Symbolik hat, vermag er den Wagnerschen Code nicht zu entschlüsseln. Weit mehr Vorkenntnisse benötigt der Europäer, der die Aufführung einer Peking-Oper genießen möchte. Auch sie ist ein Gesamtkunstwerk, in dem musikalische, dramatische und visuelle Künste auf besondere Weise verschmelzen. Die dargestellten Charaktere, ihre Masken, Kostüme und Bewegungen, der musikalische Ausdruck – alles ist im höchsten Maße stilisiert. Wer sich mit dieser ›fremdartigen‹ Kunst Chinas nicht eingehend beschäftigt hat, mag schnell Langeweile und Ratlosigkeit empfinden. Ebenso mag für Nichteingeweihte ein javanisches Gamelan-Konzert ›befremden‹ – ungeübte Ohren vermögen die komplexen Rhythmus- und Melodiestrukturen im fünf- oder siebenstufigen Tonsystem kaum zu differenzieren und ›richtig‹ zu deuten.

Gamelan-Unterricht im Rautenstrauch-Joest-Museum, 2002

Lässt sich Musik ausstellen? Seit jeher gehören Musikinstrumente in Europa zum Ausstellungsgut der kulturhistorischen Museen. Meistens werden sie einzeln als Kunstobjekte präsentiert. Mehr oder weniger ausführliche Texte dienen der Kontextvermittlung, oft wird eine Hörprobe angeboten, und manchmal lassen sich Klang und Spielweise eines ausgestellten Instruments sogar in einem Live-Konzert erleben. Größere Ensembles von Musikinstrumenten sind in den Sammlungen eher selten vorhanden, noch seltener sieht man sie ausgestellt – doch auch die schönste Augenweide bleibt ohne gleichzeitige Entfaltung des einzigartigen Klangspektrums unbefriedigend!

Das Rautenstrauch-Joest-Museum begrüßt seine Gäste mit einem kompletten javanischen Gamelan-Orchester zum ›Auftakt‹ des Themenparcours »Der Mensch in seinen Welten«. Die Inszenierung stellt Gamelan als eigenständige Musiktradition vor und beleuchtet den soziokulturellen Kontext der Musik sowie ihre Aufführungspraxis. Das Instrumentenensemble soll erklingen: Kinder, Jugendliche und Erwachsene können die ausgestellten Instrumente unter Anleitung einer Gamelan-Lehrkraft ausprobieren und erste Techniken im Zusammenspiel erlernen. Die seit 1998 am Museum bestehende Gamelan-Gruppe Kyai Sabda erweitert ihr Repertoire stetig und veranstaltet regelmäßig Konzerte – auch mit javanischen Musikern.

Gamelan

Eine der faszinierendsten musikalischen Schöpfungen und bedeutenden Musiktraditionen der Welt ist die Gamelan-Musik. Sie erklingt in vielen Ländern Südostasiens, aber nur in Indonesien, genauer auf Java und auf der benachbarten Insel Bali, entwickelte sie sich zu einem umfassenden Klangspektrum mit komplexen Rhythmus- und Melodiestrukturen, das zu den unterschiedlichsten Ereignissen im rituellen Festkalender der Gemeinschaft und im Lebenszyklus des Individuums erklingt.

Die Tradition der Gamelan-Musik auf Java ist schon sehr alt. Insbesondere während der letzten drei Jahrhunderte wurde sie an den zentraljavanischen Fürstenhöfen stetig verfeinert. Die Sultane unterhielten eigene Orchester. Die Musiker lebten mit ihren Familien oft über Generationen in den weitläufigen Palastbezirken. Bei vielen Gelegenheiten im Alltag und an Festtagen war ihre Kunst gefragt: Sie spielten konzertant, begleiteten rituelle Schattenspiele sowie eine Vielzahl höfischer Tänze und untermalten Theateraufführungen mit und ohne Masken. Hunderte Kompositionen umfasste ihr Repertoire, das sie auswendig kannten; erst seit Ende des 19. Jahrhunderts existieren Notationen für Gamelan. Heute wird das musikalische Erbe vor allem an den staatlichen Konservatorien weiterentwickelt. Moderne Kompositionen lösen sich immer weiter von den traditionellen Vorgaben – Gamelan wird zunehmend Unterhaltungsmusik. Die Musiktradition des Gamelan wurde Ende des 19. Jahrhunderts auch im Westen bekannt, wo sie heute insbesondere in den Niederlanden, in England, den USA und in Deutschland praktiziert wird.

Frauenorchester am Hof des Sultans
Yogyakarta, Zentraljava, Indonesien, Südostasien, 1992

Gamelan-Gruppe Kyai Sabda, 2006

Die Gruppe bespielt seit vielen Jahren die Instrumente im Rautenstrauch-Joest-Museum.

Gamelan Instrumentenensemble
Zentraljava, Indonesien, Südostasien, Anfang 20. Jh.
Holz, Bambus, Bronze
Erworben und restauriert mit Mitteln der Kölner Kulturstiftung der Kreissparkasse Köln
RJM 55377–55418, 55745, 62312, 62313

Ein Gamelan kann bis zu 70 Instrumente umfassen. Die meisten Instrumente sind ›doppelt‹ vorhanden und im Fünfton- wie auch im Siebentonsystem aufeinander abgestimmt. Jedes Set hat seine individuelle Klangfarbe, die es erst nach etwa zehn Jahren kontinuierlicher Bespielung erlangt.
Im Zusammenspiel auf der Bühne sind alle Instrumente gleichberechtigt, jedoch haben sie unterschiedliche Funktionen: Die Trommeln bestimmen Rhythmus, Tempo und Lautstärke; die Hängegongs setzen – ebenso wie die Kesselgongs – Intervalle und Interpunktionen; die Metallophone in der Bühnenmitte führen die Melodie; die Instrumente im Vordergrund – zu diesen zählen auch Spießgeige, Zither, Bambusflöte sowie männliche und weibliche Gesangsstimme – verzieren diese nach komplexen Regeln. Eine Komposition wird stets in verschiedenen Tempi mit zahlreichen Variationen gespielt.

»... der alte kaiserliche Gamelan fing an zu spielen, zuerst leise, tropfenweise, tiefe, erschütternde Gongschläge, so tief, dass es einem ganz unruhig zumute wird; zuerst eine schöne, biegsame Frauenstimme, setzte das Lied an, dann kamen andere, dann antwortete ein Männerchor, und dies alles begleitet von einem wilden Urwald von wunderbaren, kristallklaren Stahlklängen und Holztönen [...]; leise wimmernde Violinen und dazwischen hohe, nadelfeine Koloraturen von zarten Schilfflöten; wie nun alles sich ablöste, eins stiller wurde, anderes wilder und lauter, und die aufgeregten Trommeln dazwischen und dahinter; und manchmal verflog sich alle Musik in nichts und kam dann wieder tropfenweise von irgendwo, und ich war ganz wahnsinnig geworden vor Glück, ich habe noch nie die Musik so genossen.«[1]

(Walter Spies, 1895–1942, deutscher Maler und Komponist; 1924–27 Kapellmeister des europäischen Orchesters am Hof des Sultans von Yogyakarta)

»Javanische Musik will nicht aufregen, wie europäische Musik. Sie will einen ins Nirwana versetzen, und sie wirkt hypnotisierend und zuletzt süß einschläfernd, so dass man fast ganz wunschlos wird [...]. Die meisten Europäer finden diese Musik langweilig und sind zu ungeduldig, um die Süße dieser herrlichen, glücklichen Melodien genießen zu können.«[2]

(Max Dauthendey, 1867–1918, deutscher Schriftsteller und Weltreisender; im Ersten Weltkrieg interniert in Garut, Westjava)

Schattenspiel

Wayang kulit, das Schattenspiel mit kunstvoll perforierten und bemalten Figuren aus Büffelhaut vor einer beleuchteten Leinwand zu Gamelan-Musik, ist auf Java bereits im 9. Jahrhundert belegt. Tausend Jahre lang stand es in rituellem Kontext; heute überwiegt sein Unterhaltungscharakter. In nächtlicher Aufführung – oft bis zum Morgengrauen – beschwört der *dalang*, der Meister des Schattenspiels, mit seiner Kunst vergangene Zeiten, die alte Ordnung und den Schutz der Ahnen. Vor allem die Episoden und Charaktere der großen indischen Versepen Ramayana und Mahabharata sind bei den Zuschauern, die dem Geschehen vor und hinter der Leinwand folgen, beliebt. Das Grundthema beider Dichtungen ist der immerwährende Kampf zwischen Gut und Böse.

Die Urform des Ramayana entstand auf dem indischen Subkontinent zwischen 500 und 100 vor Christus; es besteht aus sieben Büchern und 24 000 Versen in Sanskrit. Über die Jahrhunderte schufen unzählige Dichter in ganz Südostasien dann ihre eigenen Versionen des Epos; Yogiswara fasste es auf Java Anfang des 10. Jahrhunderts in 2 774 Strophen. Thema ist der heldenhafte Kampf des durch eine Intrige vom Hof verbannten Königssohns Rama gegen den Dämonenkönig Rahwana. Dieser hat Sinta, Ramas tugendhafte Gattin, mit einer List entführt und in sein Reich verschleppt, wo sie viele Jahre auf ihre Befreiung warten muss.

Einige Zeit später wurde auch das 100 000 Doppelverse umfassende Epos Mahabharata ins Altjavanische übertragen. Es ist die Geschichte der stetig eskalierenden Auseinandersetzung zwischen den fünf edlen Pandawa-Brüdern und ihren 99 herrschsüchtigen Vettern, deren Untergang letztlich in einer großen Entscheidungsschlacht besiegelt wird. Strahlender Held ist Arjuna, der drittgeborene Pandawa.

Raden Arjuna
Zentraljava, Indonesien, Südostasien, 20. Jh.
Büffelhaut und -horn, Farbe; H 42 cm
RJM 52597

In der traditionellen Kunst Javas verkörpert Raden Arjuna das Ideal des edlen Kriegers. Von vornehmem Wesen und schöner Gestalt ist er der Liebling der Frauen.

Dewi Sinta
Zentraljava, Indonesien, Südostasien, 20. Jh.
Büffelhaut und -horn, Farbe; H 32 cm
RJM 52598

Klein und zart von Statur, mit feinen Gesichtszügen und sorgsam gebändigten Locken ist Dewi Sinta ihrem Gatten Rama in Liebe und Treue verbunden; bescheiden hält sie ihren Kopf stets leicht geneigt.

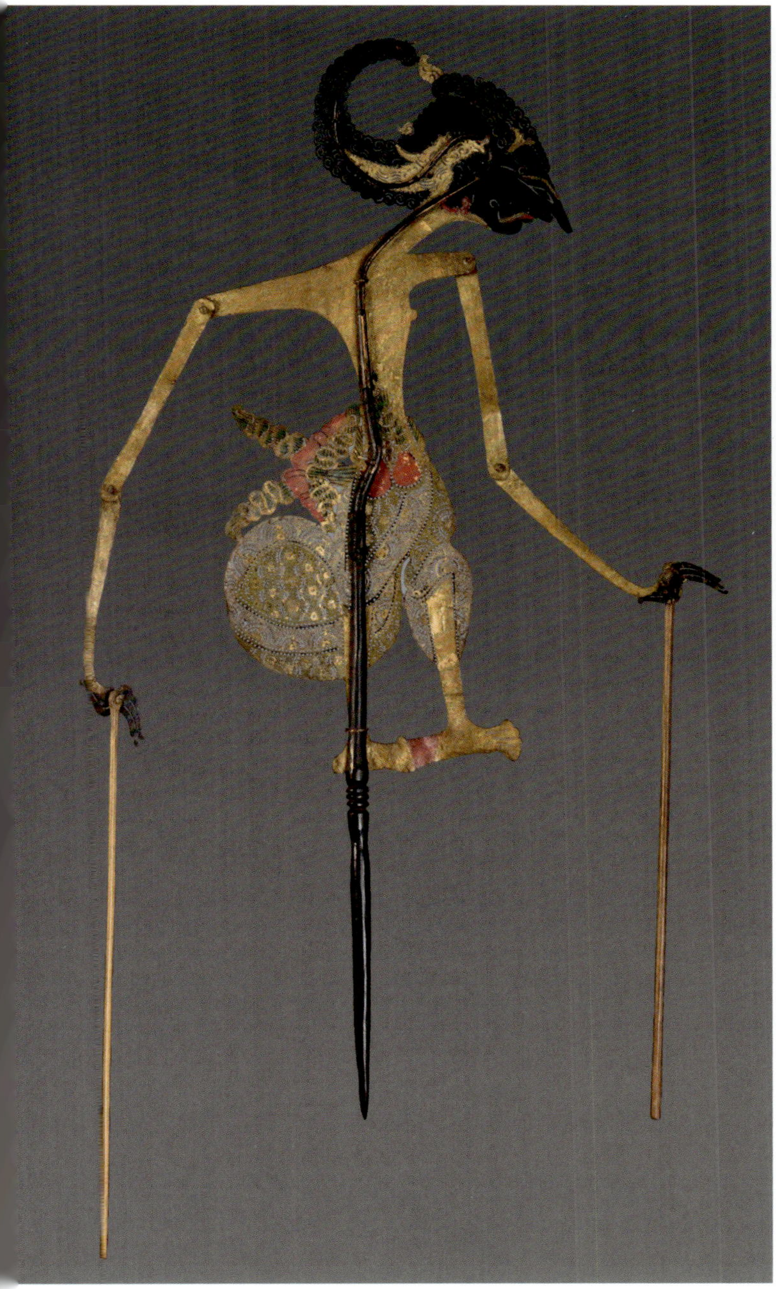

Wandbehang
Zentraljava, Indonesien, Südostasien, 20. Jh.
Baumwollbatik; B 251 cm
RJM 56044

Auf der Bühne erscheint – umgeben von Begleitfiguren – der ›Spaßmacher‹ Semar (Mitte) in der irdischen Gestalt von Sang Hyang Ismara, dem Schutzgott der Insel Java. Er hat einen ungeheuer dicken Bauch, da er der Legende nach in seiner Jugend einst einen ganzen Berg verschlang.
Es handelt sich bei den ›Spaßmachern‹ um eigenständige Figuren des javanischen Götterhimmels. In Gestalt missgebildeter Diener stehen sie auf Erden dem Helden Arjuna (2. von rechts) beratend zur Seite. Ihr Auftritt im traditionellen Schattenspiel erfolgt stets um Mitternacht.
Sie genießen Redefreiheit, und so kann ihnen der *dalang* – in der Regel zum großen Vergnügen der Zuschauer – auch derbe Sprüche und provokante Äußerungen in den Mund legen, während er sich bei allen anderen Charakteren streng an die überlieferten Textvorlagen halten muss.

Tanztheater

Wayang wong bezeichnet das Tanztheater, bei dem Darsteller mit und ohne Maske auf einer Bühne zu Gamelan-Musik agieren. Diese Form des *wayang* enstand erst im 18. Jahrhundert. Um die dargestellten Charaktere zu vermenschlichen, wurden mit der Zeit mehr und mehr Vollmasken durch Halbmasken und Schminke ersetzt. Seitdem sprechen und singen einige Darsteller Teile ihrer Rolle selbst – nach wie vor leitet aber ein *dalang* als Erzähler und Dirigent die Aufführung und das Orchester.

»Und wie hier Kämpfe dargestellt werden! Sie rasen und springen mit Schwertern umeinander, fallen nieder, flüchten, werden verfolgt, […] der Atem steht einem still […]. Und manchmal ist beim wüstesten Kampf und Geschlage kaum hörbare, flüsternd drohende Musik, manchmal aufgeregtes, verrückt rhythmisches Geklirr oder Geklapper …«[3]

(Walter Spies, 1924)

Schminken der Maske und Einkleiden des Dämons Cakil
Semesterabschlussarbeit einer Studentin an der Staatlichen Hochschule der Künste in Surakarta, 2005

Eine Halbmaske mit mächtigen Reißzähnen kennzeichnet Cakil als Dämon. In einigen Szenen des Ramayana und Mahabharata fordert er die Helden Rama und Arjuna zum Kampf heraus. Hinterlistig verbirgt er neben dem Dolch an der Hüfte eine weitere Stichwaffe unter seinem Gewand, die ihm schließlich selbst den Tod bringt.

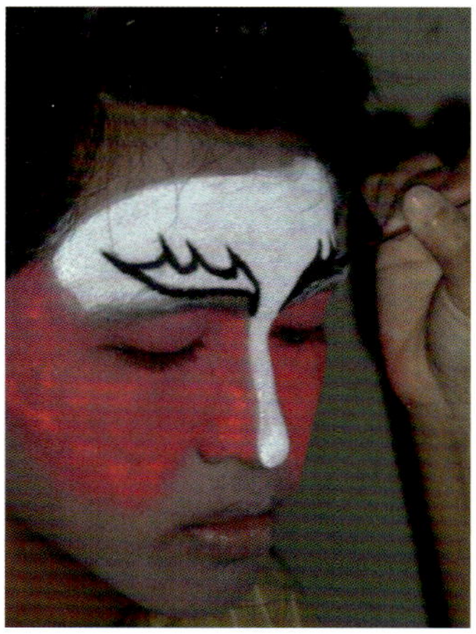

Der Übergang vom Mittelalter zur Neuzeit Ende des 15. Jahrhunderts markiert einen epochalen Umbruch von globalem Ausmaß. Die ›Entdeckung‹ neuer Kontinente leitete Europas Vormachtstellung in der Welt ein. Einen Höhepunkt erreichte die Entwicklung in der zweiten Hälfte des 19. Jahrhunderts. Ideologisch spiegelte sich diese Dominanz in der Überzeugung, an der Spitze der menschlichen Zivilisation zu stehen.

»Alle Völker der Welt haben gleiche Ansprüche auf meinen guten Willen«, schreibt Georg Forster im Prolog seiner »Reise um die Welt«, die ihn in den Jahren 1772–75 als Begleiter des englischen Entdeckers James Cook in die Südsee führte.[1] Forsters vom humanistischen Geist der Aufklärung geprägte Gesinnung bildet eher die Ausnahme denn die Regel in der jahrhundertelangen Geschichte europäisch-überseeischer Beziehungen. Rückblickend betrachtet erscheint diese Zeit bis ins 20. Jahrhundert hinein vor allem als eine Abfolge von Eroberungen und Usurpationen seitens der europäischen Großmächte, deren militärischer Stärke, technologischer Überlegenheit und wirtschaftlichem Druck die unterworfenen Gesellschaften trotz teilweise erheblichen Widerstands letztlich wenig entgegenzusetzen hatten.

Einen Höhepunkt erreichte Europas Vorherrschaft im Zuge der industriellen Revolution im 19. Jahrhundert. Bahnbrechende Erfindungen wie die 1769 patentierte Dampfmaschine und die forcierte Erschließung von Rohstoffen wie Kohle und Eisen hatten die Voraussetzung für die unaufhaltsame Mechanisierung der Wirtschaft und die rasche Verbreitung neuer, maschinengetriebener Verkehrsmittel geschaffen. Die ökonomischen Umwälzungen veränderten die Lebens- und Arbeitswelt in Europa und den USA drastisch. Weltweit gewann die Kontrolle der Industriestaaten über Rohstoffquellen und Absatzmärkte an Bedeutung – eine Entwicklung, die Ende des 19. Jahrhunderts ihren Höhepunkt in der kolonialen Unterwerfung großer Teile Afrikas, Asiens und der Südsee fand.

Das Gefühl zivilisatorischer Überlegenheit, unterfüttert durch den herrschenden Fortschrittsglauben und das evolutionistische Denken jener Zeit, bestimmte den Blickwinkel, unter dem in Europa gemeinhin die Bewohner dieser Kontinente betrachtet wurden. Sie galten als ›Wilde‹ oder ›Naturvölker‹, die eine primitive Stufe der Menschheitsentwicklung repräsentierten und deren Kulturen in der Konfrontation mit der europäischen ›Zivilisation‹ über kurz oder lang dem Untergang geweiht waren. Umgekehrt verstanden sie, die Europäer, ihre eigene Lebensweise als entwicklungsgeschichtlich am weitesten fortgeschritten und sahen sich infolgedessen selbst an der Spitze der menschlichen Zivilisation.

Begegnung in einem Dorf bei Stephansort, Neuguinea, Ozeanien, um 1900

Reisen in der Hängematte zur deutschen Kolonialzeit, Südkamerun, Westafrika

Diese Selbsteinschätzung prägte und bestimmte die Begegnung Europas mit anderen Kulturen. Sie offenbarte sich in dem herrischen Auftreten von Kolonialisten genauso wie in dem paternalistischen Gebaren vieler Missionare. Auch die Forschungsreisenden jener Zeit waren keineswegs frei von anmaßendem Dünkel, wovon manche Expeditionsberichte und Reisetagebücher zeugen. Um des höheren wissenschaftlichen Zieles willen nahm man nicht immer Rücksicht auf die Gefühle und Gesetze der Menschen, die man studierte, war andererseits aber auf ein gewisses Einvernehmen angewiesen, wollte man den Forschungserfolg nicht gefährden. Mit diesem Dilemma sah man sich nicht zuletzt beim Erwerb ethnografischer Objekte konfrontiert, die als Forschungs- und Anschauungsmaterial zu Tausenden gesammelt wurden und die Magazine und Schausäle der Völkerkundemuseen füllten, um dort als materielle Relikte die Lebensweisen zu dokumentieren, die in toto unter dem europäischen Kolonisationsdruck Vergangenheit zu werden drohten.

Mit Hingabe sammelten im Übrigen auch viele Kolonialisten, Seeleute und Reisende, nur dass für sie im Allgemeinen nicht Erkenntnisgewinn die Antriebsfeder ihrer Leidenschaft war, sondern der Wunsch, ihre Begegnung mit dem Fremden dinglich fassbar zu machen und ihren Erinnerungen und Erlebnissen authentische Gestalt zu verleihen. Das Sammeln ethnografischer Objekte ist so gesehen stets auch eine ausgesprochen physische Art der Aneignung fremder Lebenswelten.

Worin unterschieden sich nach damaliger Auffassung nun ›Natur-‹ und ›Kulturvölker‹? Ersteren wurde zwar nicht jegliche Kultur abgesprochen, doch galten sie als ›kulturarm‹. Ihr ganzes Dasein sei »aufs engste den Verhältnissen der umgebenden Natur angepasst, und diese Harmonie hat zu einem Gefühle ruhiger Zufriedenheit und Sorglosigkeit geführt, das gar nicht den Willen zu geregelter, vorwärts gerichteter Arbeit aufkommen lässt. [...] Alle Arbeit ist ihm [dem Naturmenschen] mehr Spiel als Pflicht. [...] Im allgemeinen bietet also das Kulturleben der Naturvölker mehr oder weniger ein Bild träumerischer Ruhe, während den Kulturvölkern die Arbeit zum Bedürfnis geworden ist; sie können das sorglose Behagen nicht wiederfinden, das jenen eigentümlich ist«, gibt sich Direktor Foy 1906 im Ausstellungsführer des Kölner Rautenstrauch-

Joest-Museums überzeugt.[2] Auffallend an dieser Gegenüberstellung ist die Betonung der unterschiedlichen Arbeitsmentalität. Genau betrachtet, verrät das Zitat mehr über das europäische Verständnis von Arbeit als über das tatsächliche Wirtschaftsleben der »Naturvölker«, deren Dasein in Foy'scher Lesart beinahe wie das Leben im Schlaraffenland anmutet. Der europäische Arbeitsbegriff ist eng gekoppelt an eine wachstums- und gewinnorientierte Wirtschaftsweise, in der die Warenproduktion nicht allein der Befriedigung vorhandener Bedürfnisse dient, sondern zum Selbstzweck wird: Absatzmärkte müssen erschlossen, Bedürfnisse kreiert, der Warenkonsum angekurbelt werden. Um diese rast- und endlose Produktionsspirale am Leben zu erhalten, bedarf es der möglichst effizienten Organisation von Arbeit, die umso reibungsloser und wirkungsvoller gelingt, je stärker sie im Bewusstsein der Beschäftigten als Arbeitsethos verankert ist. Der Erfolg der industriellen Revolution wäre auf lange Sicht nicht denkbar gewesen ohne eine funktionierende Arbeitsdisziplin, die nicht stets aufs Neue erzwungen werden muss. Was Foys Worten zufolge den »Kulturvölkern« zur selbstverständlichen »Pflicht«, gar zum inneren »Bedürfnis« geworden ist, erfahren die von ihnen unterjochten »Naturvölker« in den Kolonien noch unverhüllt als rigide verordnete Zwangsarbeit.

Bau der Kameruner Mittellandbahn, um 1910

Kolonialpolitisch machte diese immer wieder beschworene Arbeitsmoral doppelt Sinn, verband sie doch aufs Vorteilhafteste ökonomischen Nutzen mit zivilisatorischer Mission. »Allein man bedenke doch nur, dass diese Eingeborenen auf derselben geistigen Stufe stehen, wie unsere Kinder, und d a g e g e n wird doch wohl Niemand etwas einzuwenden haben, dass unsere Kinder zur Arbeit angehalten und gezwungen werden«, rechtfertigt der Ethnograf und Weltreisende Wilhelm Joest 1895 die Arbeitspflicht, die die niederländische Kolonialverwaltung den Bewohnern von Sulawesi in ihrer damaligen Kolonie Niederländisch-Indien auferlegt.[3] So erhält selbst die schamloseste Ausbeutung noch einen Anstrich von Moral.

Soldaten aus Minahassa in niederländischem Kolonialdienst, Niederländisch-Indien, Südostasien, um 1880

Im Übrigen zeigte sich, dass längst nicht allen Europäern die Arbeit Pflicht und Bedürfnis geworden war. Nicht wenige fühlten sich genau von dem Klischee angezogen, das man den ›Naturvölkern‹ nachsagte und das dem europäischen Arbeitsideal diametral entgegenstand. Die vermeintliche Aussicht auf ein sorgenfreies, in Einklang mit der Natur geführtes Leben bewog viele, Europa für immer den Rücken zu kehren. Eine erste große Welle auswanderungsbereiter Zivilisationsflüchtlinge formierte sich bereits im 18. Jahrhundert, zur Zeit der Aufklärung, als die begeisterten Schilderungen der Südseefahrer der Utopie einer Gemeinschaft frei von der Enge und Etikette der europäischen Standesgesellschaft den Anschein von Realität verliehen. Gesucht wurde das Gegenbild Europas, eine elysische Idylle, »wo eine Entledigung von allem eingebildeten Bedürfnisse, das uns die Üppigkeit aufladet, sein soll, eine Genügsamkeit mit dem bloßen Bedarf der Natur, eine durchgängige Gleichheit der Menschen, ein immerwährender Friede unter ihnen, mit einem Wort der reine Genuß eines sorgenfreien in Faulheit verträumten oder mit kindischem Spiel vertändelten Lebens«, wie kein geringerer Zeitgenosse als Immanuel Kant 1786 scharfsinnig bemerkte.[4]

So war es Suche und Flucht zugleich, die zivilisationsverdrossene Europäer in die Ferne trieb, wobei die Sehnsucht nach anderen Lebenswelten nicht zwangsläufig bedeutete, dass man sich auf die Menschen einließ und einstellte, denen man dort begegnete. Oft genug gerann das Fremde zur bloßen Projektionsfläche eigener Wünsche und Träume.

Anwerbung von Rekruten für die Polizeitruppe in der deutschen Kolonie Togoland, Westafrika, Ende 19./Anfang 20. Jh.

Wie die kolonialisierten Gesellschaften die Konfrontation mit der europäischen Übermacht und den meist radikalen Umbruch ihrer bisherigen Lebensordnung empfanden, erschließt sich vor allem aus ihren Reaktionen und den Berichten zeitgenössischer Chronisten. Resignation bis hin zur Selbstaufgabe, Bemühungen, sich mit dem scheinbar unvermeidlichen Los zu arrangieren, Strategien, innerhalb der kolonialen Strukturen aktiv einen Gestaltungsspielraum zu behaupten, erbitterter Widerstand – wie die jeweilige Reaktion ausfiel, hing neben den spezifischen kulturellen Handlungsmustern entscheidend vom Auftreten des europäischen Gegenübers und der Art und dem Grad der Einflussnahme und Kontrolle ab.

Die Welt hat sich gewandelt. Aus den Kolonien von einst sind mehrheitlich unabhängige Staaten geworden, das Netz internationaler Verflechtungen ist dichter geknüpft, Handel und Verkehr sind um ein Vielfaches gewachsen. Die wirtschaftlichen Gewichte verschieben sich: Neben Europa und die USA rücken ernstzunehmende Mitspieler wie China, Indien und Brasilien in den Kreis der Wirtschaftsmächte auf. Die Europäer begegnen Menschen aus Afrika, Asien und Ozeanien nicht mehr fast ausschließlich in deren Herkunftsländern. Die Welt ist heute auch bei uns zu Hause: Nachfahren ehemals kolonisierter Gesellschaften treffen wir vor unserer Tür als Touristen, Migranten oder Flüchtlinge an. Viele der Ankömmlinge bleiben, und ihre Kinder kennen Europa besser als die Heimat ihrer Eltern.

Die herkömmlichen Grenzen zwischen ›uns‹ und den ›Anderen‹ verwischen. Dass dieser Prozess bei alteingesessenen Europäern wie auch bei Immigranten vielfach Angst vor dem Verlust des Vertrauten weckt und in einer Gegenreaktion Abgrenzungsversuche heraufbeschwört, um sich der eigenen Identität zu vergewissern, verwundert nicht. Das Beharrungsvermögen sprachlicher und kultureller Prägungen ist beachtlich. Nur wird es heute zunehmend schwerer, die ›Anderen‹ mittels einer Reihe von Merkmalen zu definieren, in denen sie sich von ›uns‹ unterscheiden. Der Schwarze am Nachbartisch kann ebenso wie der Weiße Namibier, Amerikaner oder Deutscher sein, der Deutsche Christ, Jude, Buddhist oder Muslim, der Muslim Facharbeiter, Professor oder Asylant, der Asylant Schwarzer oder Weißer. Die Menschen sind in vielen Bezugssystemen zu Hause, aus denen sich ihre Identität speist, oder, in den Worten des Literaturwissenschaftlers Edward W. Said: »Niemand ist heute nur ganz und rein *eines.* Bezeichnungen wie Inder, Frau, Muslim oder Amerikaner sind nicht mehr als erste Orientierungssignale, die, wenn man sie auch nur einen Augenblick lang in die tatsächliche Wirklichkeit weiterverfolgt, alsbald verlöschen.«[5]

Wilhelm Joest
Weltreisender, Sammler, Ethnograf

Wilhelm Joest wurde 1852 in Köln geboren. Finanziell abgesichert, sprachbegabt und völker- wie landeskundlich interessiert, begann er ab seinem 22. Lebensjahr zu reisen. Am Ende seines Lebens hatte er alle Kontinente besucht. Er war ein leidenschaftlicher Sammler und verarbeitete seine Reise- und Forschungserfahrungen in mehreren Büchern und Aufsätzen.

»Man ist ein Esel in Europa zu leben, theuer & hat absolut nichts«, vertraut Joest am 12. Januar 1882 seinem Tagebuch an.[6] Von 1876 bis 1878 bereiste der junge Kölner Nord- und Südamerika, von 1878 bis 1881 Asien, 1883 und 1884 Süd- und Ostafrika – innerhalb eines knappen Jahrzehnts lernte Joest große Teile der Welt kennen. Erst seine Heirat und der darauf folgende Umzug nach Berlin im Jahre 1885 ließen ihn ortsfester werden. Spätere, lediglich einige Monate dauernde Fahrten führten ihn nach Guayana sowie mehrmals nach Nordafrika. Joest verkörpert den Typus des weltläufigen Bildungsreisenden, der Reisen als einen Akt der kulturellen Begegnung versteht und zwecks Erweiterung seines Horizonts betreibt. Er war in mehreren wissenschaftlichen Vereinigungen aktiv und erhielt 1890 in Anerkennung seiner Verdienste den Professorentitel. Nach seiner Scheidung brach er Anfang 1897 nach Ozeanien auf, der einzigen großen Weltgegend, die er bis dahin noch nicht bereist hatte. Nach elf Monaten starb er am 25.11.1897 an tropischem Fieber und wurde auf Ureparapara, einer kleinen Insel der Banks-Gruppe, beigesetzt.

Ganz den Vorstellungen seiner Zeit verhaftet, war Joest von der geistigen Überlegenheit und dem daraus resultierenden Machtanspruch der Europäer überzeugt. So befürwortete er die niederländische Kolonialherrschaft in Südostasien und rechtfertigte die der Bevölkerung auferlegte Arbeitspflicht. Seine am Vorabend des deutschen Kolonialismus geäußerten Vorbehalte gegen den geplanten Kolonialerwerb sind pragmatisch begründet und nicht zuletzt Folge seiner auf Reisen gewonnenen Erfahrungen und Einsichten: Europäer vertrügen auf Dauer das tropische Klima nicht, schreibt er, und die von ihm selbst miterlebten blutigen Aufstände und Kolonialkriege gegen Engländer, Spanier, Portugiesen und Niederländer in aller Welt bewiesen, wie viel Opfer und Geld Kolonien letztlich doch kosteten.[7]

Um unbehelligt seinen Studien nachgehen zu können, verfuhr Joest auf seinen Reisen stets nach dem Grundsatz eines englischen Freundes: »Never hurt anybody's feelings!« – »Verletze niemals die Gefühle anderer!«[8] Und er versuchte, soweit nötig, sich den Sitten seines jeweiligen Gastlandes anzupassen, woraus sein zweiter Grundsatz erwuchs: »Unter Chinesen muss man Chinese sein, so schwer es auch manchmal fällt – sonst bleibe man zu Hause«.[9]

»Der Hauptreiz des Reisens liegt im raschen Wechsel der empfangenen Eindrücke, im unvermittelten Übergang aus einem Kulturleben in das andere, oder aus hoher Kultur in Barbarei und umgekehrt. Der Mensch mit seinen Sitten und Anschauungen, seiner Sprache und zumal in seinem Äußern ist das Erzeugnis seiner geographischen Umgebung, der Umstände, unter welchen er lebt, und je länger der fremde Beobachter von Weltteil zu Weltteil eilt oder innerhalb desselben Kontinents Bewohner verschiedener geographischer Provinzen sieht, desto mehr wird sich sein Auge schärfen, den je nach der umgebenden Welt unausbleiblichen Kulturunterschied der betreffenden Völker zu erkennen und in seiner Ursächlichkeit zu verstehen, desto klarer werden ihm die Gegensätze, desto größer wird, mit e i n e m Wort, sein Genuß beim Reisen.« [10]

(Wilhelm Joest, 1885)

Wilhelm Joest in arabischer Tracht, vor 1886

Wilhelm Joest in Uniform, 1894

»... zu retten, was zu retten ist« – Der Sammler

Joest trug auf seinen Reisen mehrere Tausend Objekte zusammen, die er teils an völkerkundliche Museen gab – insbesondere an das Ethnologische Museum in Berlin –, teils für sich selbst erwarb. Allein seine Privatsammlung, die seine Schwester Adele als Erbin nach seinem Tod bis auf einen kleinen, dem Berliner Völkerkundemuseum zugestandenen Teil der Stadt Köln als Sammlungsfundament des Rautenstrauch-Joest-Museums stiftete, umfasst circa 3 500 Objekte. Ein Motiv seines Sammeleifers war – neben persönlichem Interesse und Geschmack an den Dingen, mit denen er seine Wohnung ausschmückte – »zu retten, was zu retten ist«, wie er schreibt.[11] Joest vertrat damit die seinerzeit herrschende Überzeugung, dass der wachsende Einfluss Europas in aller Welt über kurz oder lang zu einem Verschwinden der lokalen Traditionen führe und die materiellen Kulturgüter als Zeugnisse der Menschheitsgeschichte für die Wissenschaft erhalten bleiben müssten.

Joest sammelte, was er für sinnvoll erachtete und was ihm gefiel, darunter auch Objekte, die bereits für den Verkauf an Europäer produziert wurden: Alltagsgerät, Ritualobjekte, Souvenirs – und oft erstand er nicht nur ein Exemplar eines Gegenstands, sondern eine ganze Serie. Soweit seinen Aufzeichnungen zu entnehmen ist, erwarb er die Objekte im Allgemeinen durch Kauf oder im Tausch.

Mittelzimmer in Joests Berliner Wohnung

Chinesische Wunderkugel
China, Ostasien, vor 1881
Elfenbein, Seide; H 64 cm
RJM 10664

Tanzkeule
Santa-Cruz-Inseln, Ozeanien, vor 1900
Holz, Pflanzenfasern und -rohr, Nussschalen, Farbe; H 129 cm
RJM 4002

Tabaksbehälter
Pondo, Südafrika, vor 1885
Rohhaut; B 17 cm, 12 cm
RJM 9042, 9041

»In East-London erhielt ich mehrere Waffen und Schmucksachen der Pondokaffern. Merkwürdig waren darunter [...] eigenthümliche Schnupftabakdosen in Form von Ochsen. Dieselben werden aus dem mit Blut und etwas Erde vermischten Zwerchfell frisch geschlachteter Thiere verfertigt«, berichtet Joest 1895 in seinen »Welt-Fahrten« über den Erwerb dieser Objekte.[12]

Gefäße
Marokko, Nordafrika, vor 1900
Ton, Farbe; H 20–42 cm
RJM 10790, 10793, 10789, 10784, 10792, 10802

Rikscha-Modell
Japan, Ostasien, 19. Jh.
Schildpatt, Seide; H 9,5 cm
RJM 9843

Rikschas gehörten zu den Verkehrsmitteln, die Joest 1880/81 auf seiner Japanreise benutzte.

»... schrieb wie ein Wilder« – Der Autor

Wilhelm Joest verarbeitete seine Reiseerlebnisse und Forschungsergebnisse in zahlreichen Büchern und Aufsätzen, die ihn als Ethnografen wie als Chronisten der politischen Weltszene ausweisen. Er sprach mit seinen plastischen Schilderungen nicht nur die Fachwelt an. Mit dem überlegenen Selbstverständnis des Europäers urteilte er mitunter abfällig über die Menschen, denen er auf seinen Reisen begegnete. Besonders in seinen Tagebucheintragungen ließ er seinen subjektiven, persönlichen Empfindungen freien Lauf. Die australischen Aborigines und neuseeländischen Maori markieren gewissermaßen die entgegengesetzten Eckpunkte der Werteskala, anhand der er fremde Kulturen beurteilte. Die Aborigines seien »dumm«, ohne feste Wohnstätten, ohne Ackerbau, gar ohne Religion, wie er im Januar 1897 seinem Tagebuch anvertraute, – kurz: »zweck- und nutzlos in dieser Welt«, ein vernichtendes Urteil, das er offensichtlich unhinterfragt von Dritten übernommen hatte, da er bis dahin nur während eines Landgangs die westaustralische Stadt Albany kennengelernt hatte. Entschieden positiver fiel einige Wochen später sein Urteil über die Maori aus, deren stattliches Aussehen und außergewöhnliche Rednergabe er bewunderte und deren Stolz und Gleichmut europäischen Besuchern gegenüber ihm imponierten. »So independent Leute sind mir in allen 5 Welttheilen noch nicht vorgekommen«, notierte er.

Besonnener äußerte er sich gelegentlich in Publikationen. Dabei betonte er mitunter Gemeinsamkeiten zwischen »Wilden« und Europäern, die ihm jeglichen europäischen Dünkel als grundlos erscheinen ließen. Maßstäbe setzte er 1887 mit seinem Hauptwerk »Tätowiren, Narbenzeichnen und Körperbemalen«, in dessen kulturvergleichender Darstellung er auch die Europäer einbezieht.

Wilhelm Joest in seinem Berliner Arbeitszimmer

Wilhelm Joest in Begleitung eines einheimischen Mannes auf den Santa-Cruz-Inseln
Ozeanien, 1897

»Die Zeiten, während deren der Europäer mit souveräner Verachtung auf den Naturmenschen, den ›Wilden‹ herabsah, sind vorbei. Mit jedem Tage bricht sich die Ueberzeugung breitere Bahn, dass wir mit unseren modernen Anschauungen und Sitten nun gar wenig denen der lange genug vernachlässigten oder verspotteten Wilden voraus sind, ja dass wir zur Erkenntniss unseres eigenen Geisteslebens gezwungen sind, auf die Naturvölker zurückzugreifen. Je mehr unsere Selbstkenntniss zunimmt, desto mehr verengt sich die Kluft, die uns bisher von dem Naturmenschen, betrachten wir als solchen nun den Eingeborenen der uns Europäern erst seit Kurzem – seit Secunden in der Erdgeschichte – bekannten Welttheile oder unsere prähistorischen Vorfahren, zu trennen schien. Sitten, Gebräuche und Gedanken, die uns anfänglich specifisch ›barbarisch‹ vorkommen, finden wir bei näherem Zusehen theils in unveränderter, theils in einer den verschiedenen anthropologischen oder geographischen Bedingungen entsprechend modificirten Form bei uns wieder.«[13]

(Wilhelm Joest, 1887)

Max von Oppenheim
Forscher, Sammler, Diplomat

Das vielfältige Lebenswerk des 1860 in Köln geborenen Max Freiherrn von Oppenheim war geprägt von seiner alles bestimmenden Faszination für den Orient. Das damalige Osmanische Reich war lange Jahre Mittelpunkt seines Lebens, Forschens und Wirkens. Seine zweite Lebenshälfte verbrachte er vorwiegend in Berlin mit der Aufarbeitung seiner wissenschaftlichen Arbeiten.

Statt das väterliche Bankhaus weiterzuführen, hielt sich Oppenheim nach seiner Promotion im Fach Jura mehr als 15 Jahre im Vorderen Orient auf. Neben seiner Tätigkeit als Berichterstatter ab 1896 am deutschen Generalkonsulat in Kairo widmete sich der perfekt arabisch sprechende Oppenheim der Beduinenforschung und Archäologie. Seine Kenntnisse und Kontakte nutzte er im Ersten Weltkrieg, um unter der arabischen Bevölkerung für Kaiser Wilhelm gegen England und Frankreich zu agitieren. In Berlin gründete er die Propagandainstitution »Nachrichtenstelle für den Orient«. In den 1920er Jahren erstellte er in der Hauptstadt eine große orientalische Fachbibliothek, ein Forschungsinstitut sowie ein Museum für seine Grabungsfunde vom Tell Halaf. 1946 starb Oppenheim in Landshut.

Max von Oppenheim

Zimmer in Oppenheims Haus in Kairo
um 1900

Max von Oppenheim im Orient – Diplomat, Sammler, Forscher

1896 wurde Oppenheim im Alter von 36 Jahren dem deutschen Generalkonsulat in Kairo als Attaché zugeteilt. Er sollte von dort aus über die muslimisch-arabische Welt nach Berlin referieren. In den 13 Jahren seiner Akkreditierung verfasste Oppenheim über 500 Berichte und Denkschriften. Aufgrund seiner zahlreichen Reisen und vielfältigen Kontakte zu einflussreichen einheimischen Politikern und Würdenträgern wurde er von manchen europäischen Diplomaten mehrfach als Spion verdächtigt.

In Kairo führte Oppenheim ein schillerndes Doppelleben: Beruflich bewegte er sich in westlichen Kreisen, privat dagegen lebte er wie ein Araber und unterhielt sogar einen eigenen Harem. Sein Haus spiegelte sein Grenzgängertum: Neben europäischen Möbeln beherbergte es eine ständig wachsende Sammlung an chinesischem und europäischem Porzellan, orientalischen Waffen, Mobiliar und Metallobjekten, islamischen Messinstrumenten, Einlegearbeiten, Bildern, Handschriften, Schmuck und Textilien. Während Oppenheims legendärer Einladungen im Stil von »Tausendundeiner Nacht« kleideten sich die Gäste häufig in seine prunkvollen osmanischen Gewänder. Bei Oppenheims Rückkehr nach Berlin umfasste die Sammlung mehrere Tausend Objekte.

In seinen Lebenserinnerungen, die er später in Berlin verfasste, beschrieb er seinen Aufenthalt im Orient mit den Worten:

»... eine herrliche Zeit. 13 Jahre in dem Traumlande Aegypten, ein Traumleben während 13 Jahren, einerseits innerhalb des diplomatischen internationalen Verkehrs, andrerseits innerhalb der eingeborenen Welt, die ich verstand und die mich verstand.«[14]

Oppenheims Interesse an den Beduinen gründete auf einem Zusammentreffen mit Faris Pascha, einem Scheich der Schammar-Beduinen, dessen Gastfreundschaft Oppenheim 1893 während seiner Expedition vom Mittelmeer zum Persischen Golf einige Tage lang genossen hatte. Ein schriftlich fixierter Bruderschaftsbund mit diesem einflussreichen Anführer ermöglichte Oppenheim in den folgenden Jahren Kontakte zu anderen Beduinengruppen, deren Lebensweise und Geisteshaltung er bewunderte und die er besser verstehen wollte. Akribisch notierte er Wanderbewegungen und Verwandtschaftsbeziehungen von

mehr als 240 Stämmen und Untergruppen. Umfangreich ist auch seine Fotodokumentation mit eigenen Aufnahmen und Zukäufen von anderen Fotografen. Seine komplexen Befunde wurden zwischen 1939 und 1968 in dem mehrbändigen Standardwerk »Die Beduinen« veröffentlicht.
1899 reiste Oppenheim im Auftrag der Deutschen Bank zur Trassenfindung der Bagdad-Bahn durch das nördliche Syrien und das obere Mesopotamien. Dabei stieß er am Tell Halaf im heutigen Nordostsyrien auf im Sand verborgene Statuen und Reliefplatten. In Konstantinopel ersuchte er um eine Grabungserlaubnis für die Fundstelle. 1910 verließ Oppenheim Kairo und widmete sich den Ausgrabungen am Tell Halaf, die er privat organisierte und finanzierte. Die auf höchstem wissenschaftlichen Niveau durchgeführten Grabungskampagnen erstreckten sich über mehrere Jahre – unterbrochen durch den Ersten Weltkrieg. Dabei kam eine der bedeutendsten archäologischen Fundstätten im Vorderen Orient zu Tage: Oppenheim legte Teile von Guzana, der Hauptstadt des aramäischen Fürstentums Bit Bahiani, frei. Dazu gehörten eine Zitadelle, Torbauten, Palast- und Tempelanlagen aus dem 10. und 9. vorchristlichen Jahrhundert – darunter spektakuläre Reliefplatten zur Wandverkleidung sowie monumentale Skulpturen. Die untersten Schichten enthielten bemalte Keramik aus dem 6. und 5. Jahrtausend v. Chr. Einen Großteil der Funde brachte Oppenheim 1913 und 1927 nach Berlin.
1915 berief der deutsche Botschafter Oppenheim nach Konstantinopel. Er wurde mit der Aufgabe betraut, Propagandamaterial, das die einheimische Bevölkerung gegen die Kolonialmächte Frankreich und England aufwiegeln sollte, innerhalb des Osmanischen Reiches zu verbreiten. Dieser Destabilisierungsplan verlief allerdings nicht sehr erfolgreich.

Oppenheim mit Ruala-Beduinen
Schech Meskin, Libanon, Vorderasien, Ende 19. Jh.

»... aus dem Leben in der Wüste haben sich die Institute der Gastfreundschaft und des Asylrechts entwickelt. Es sind dies uralte Verpflichtungen und in ihnen sind die höchsten Tugenden der Beduinen zu erblicken ...«[15]

(Max von Oppenheim)

Grabungsszene am Tell Halaf
Syrien, Vorderasien, 1899

Astrolabium
Hergestellt von Haidar al-Harrar, Tunis, Tunesien, Nordafrika, 1766
Messing; H 23 cm
Dauerleihgabe Max Freiherr von Oppenheim-Stiftung, Köln
DL 145

Schultertopf
China, Ostasien, frühes 15. Jh.
Porzellan, Messing; H 21 cm
Dauerleihgabe Max Freiherr von Oppenheim-Stiftung, Köln
DL 115

Europäisches Porzellan
18.–19. Jh.
H. 9–69 cm
Dauerleihgabe Max Freiherr von Oppenheim-Stiftung, Köln
DL 157, 156, DL 136, 102, 110, 106, SO 2484, 2331, DL 132, SO 2879, DL 152, 144, SO 2471, 2269, 4141

Porträt des Sultans Muhammad Mirza
Iran, Westasien, 1831
Leinwand, Holz, Farbe; H 182 cm
Dauerleihgabe Max Freiherr von Oppenheim-Stiftung, Köln
DL 248

Max von Oppenheim in Berlin – Politiker, Gelehrter und Museumsgründer

Nach seinem diplomatischen Dienst in Kairo und den Ausgrabungen am Tell Halaf begab sich Oppenheim kurz vor Beginn des Ersten Weltkrieges nach Berlin, wo er sich zunächst politisch engagierte: Er verfasste die viel beachtete »Denkschrift betreffend die Revolutionierung der islamischen Gebiete unserer Feinde« und übernahm die Leitung der »Nachrichtenstelle für den Orient« des Deutschen Reiches. Sein Domizil war eine großbürgerliche Wohnung am Kurfürstendamm, die er in der Tradition des späten 19. Jahrhunderts üppig ausstattete und in der er seine immense Sammlung an Orientalia präsentierte.

Ab 1918, nach Ende des Krieges, widmete sich Oppenheim der wissenschaftlichen Bearbeitung seiner Aufzeichnungen und Grabungen. Am Savignyplatz hatte er eine Doppeletage mit zwölf Zimmern angemietet; dort gründete er 1922 mit eigenen Geldmitteln ein Orient-Forschungsinstitut. Die dazugehörige Bibliothek umfasste mehr als 40 000 Bände. Er beschäftigte zwei feste Mitarbeiter und einen Stab projektbezogener Wissenschaftler unterschiedlicher Disziplinen. Diese widmeten sich unter anderem der Aufbereitung und Publizierung des Beduinenmaterials sowie der Dokumentation der Tell-Halaf-Kampagnen. Die Arbeitsatmosphäre war geprägt von internationalem Austausch und Oppenheims großzügiger Gastlichkeit.

Nachdem die Inflation einen Großteil seines Vermögens eliminiert hatte, verlegte Oppenheim 1926 seinen Wohnsitz in die Räumlichkeiten des Instituts. 1929 gründete er die Max Freiherr von Oppenheim-Stiftung, die die wissenschaftliche Orientforschung auch nach seinem Tod gewährleisten sollte.

Zimmer in Oppenheims Wohnung am Kurfürstendamm
Berlin, Deutschland, um 1920

Ursprünglich hatte Oppenheim geplant, seine umfangreichen Funde vom Tell Halaf der Vorderasiatischen Abteilung der Königlichen Museen in Berlin zu geben. Einige Objekte hatte er bereits als Schenkung übereignet. Das Museum sah sich jedoch außerstande, Räumlichkeiten für weitere Objekte zur Verfügung zu stellen und die Kosten der Grabungskampagnen am Tell Halaf zu erstatten. So richtete Oppenheim in Charlottenburg ein eigenes Museum für die Großplastiken und Wandreliefs des Palastes von Guzana ein, das er 1930 anlässlich seines 70. Geburtstags eröffnete.
1940 zerstörte eine Sprengbombe Teile seiner Orientsammlung im Forschungsinstitut. Die unversehrten Bestände wurden danach in mehrere Schlösser der Umgebung ausgelagert. Auch das Tell-Halaf-Museum blieb nicht verschont: 1943 erlitt es einen schweren Bombentreffer. Die Überreste der Objekte wurden in die bombensicheren Gewölbe des Pergamonmuseums gebracht. Oppenheim selbst fand bis zu seinem Tod im Alter von 86 Jahren Obdach bei Verwandten in Süddeutschland.
Wichtige Teile aus dem Nachlass Max von Oppenheims bewahren heute das Vorderasiatische Museum in Berlin, das Hausarchiv des Bankhauses Oppenheim und das Rautenstrauch-Joest-Museum in Köln. Weitere Ausgrabungsbestände vom Tell Halaf befinden sich im Nationalmuseum von Aleppo, Syrien.

Ansichten aus dem Tell-Halaf-Museum
Berlin-Charlottenburg, Deutschland, um 1930

VORURTEILE
DER VERSTELLTE BLiCK

„... denn von Natur ist nichts wohl

Der verstellte Blick
Vorurteile

Vorurteile, Stereotype und Klischees sind weltweit verbreitet. Sie dienen unter anderem dazu, das ›Fremde‹ in das eigene Weltbild einzuordnen, Ängste abzubauen und sich selbst gegenüber dem ›Anderen‹ abzugrenzen und zu definieren.

Cartoon, Matthias Kiefel, 2007

1962 soll Bundespräsident Heinrich Lübke in Liberia das wartende Volk mit den berühmt gewordenen Worten begrüßt haben: »Sehr geehrte Damen und Herren, liebe Neger.« Inzwischen wird vermutet, dass es sich um eine Legende handelt. Jedoch ist man sich darüber einig, dass eine solche Äußerung zu ihm gepasst hätte, sagte er doch 1966 bei einer anderen Staatsreise nach Madagaskar: »Die Leute müssen ja auch mal lernen, dass sie sauber werden.«[1] Das ist zwar – so kann man einwenden – lange her, betrachtet man aber die Art und Weise, wie Afrika und seine Menschen heutzutage in der Alltagskultur dargestellt werden, finden sich noch immer die alten Vorurteile. Nach wie vor wird kein Kontinent so stereotyp und klischeehaft charakterisiert wie der afrikanische.

Vorurteile, Stereotype und Klischees sind weltweit verbreitet. Problematisch ist es aber, wenn sich in Vorurteilen ungleiche Machtverhältnisse manifestieren. So wird Afrika niemals als gleichberechtigt, sondern Europa gegenüber stets als moralisch, technisch und kulturell unterlegen dargestellt. Afrika, der ›schwarze‹, der ›dunkle‹ Kontinent, repräsentiert das prototypische Fremde, das zwar eine gewisse Faszination ausübt, aber auch Angst macht. Dies alles wird noch verstärkt durch eine bestimmte Begrifflichkeit. Wird von Afrika gesprochen oder geschrieben, findet man immer noch Bezeichnungen wie ›Eingeborene‹ und ›Stämme‹ anstelle von Begriffen wie ›einheimische Bevölkerung‹ und ›Nationen‹, die für andere Regionen der Welt selbstverständlich verwendet werden.

Manche Menschen behaupten, sie wüssten nicht, dass diese Begriffe abwertend seien, oder beteuern, dass sie sie nicht rassistisch meinten. Diese Wörter haben aber alle eine Geschichte, in der ›Stämme‹ und ›Eingeborene‹ ganz bewusst auf die angebliche ›Primitivität‹ und ›Unzivilisiertheit‹ der afrikanischen Menschen verweisen sollten. Spricht man von ›Stammeskonflikten‹ anstatt von Bürgerkrieg, so will man auch heute noch deutlich machen, dass diese nichts mit ernstzunehmenden politischen Konflikten zu tun haben. Unsere Sprache ist untrennbar verknüpft mit unserem Denken und Handeln und hat somit direkte Auswirkungen auf unseren Umgang mit Menschen afrikanischer Herkunft, die gerade in jüngster Zeit verstärkt Opfer rassistischer Gewalt werden.

Die moderne Genetik hat die Einteilung der Menschheit in ›Rassen‹ widerlegt. Genetisch betrachtet können sich zwei Menschen aus verschiedenen Konti-

Postkarte, Kamerun-Ausstellung, 1906
Museum für Völkerkunde Frankfurt

Die Sammlungen in deutschen Völkerkundemuseen enthalten überproportional viele Waffen, die meist während der Kolonialzeit gesammelt wurden. Präsentiert als ›Waffenfächer‹ schürten sie das Klischee des ›wilden‹ Afrikaners.

Liebig-Sammelbilder
Serie 387, Bild 12, 1898
Serie 449, Bild 9, 1900

Sammelbilder trugen Ende des 19. Jahrhunderts zur Verbreitung romantisierender Klischees von ›Völkern‹ und ›Rassen‹ bei. Auf subtile Weise unterstützten sie so die Idee einer hierarchischen Unterteilung der Menschheit.

nenten stärker ähneln als Individuen einer spezifischen Gruppe etwa gleicher Hautfarbe. ›Rassen‹ sind eine Erfindung des ausgehenden 18. und des 19. Jahrhunderts, der die Idee einer grundsätzlichen Ungleichheit der Menschen zugrunde liegt. Die Menschheit wurde dabei hierarchisch in ›niedere‹ oder ›primitive‹ und ›hoch entwickelte‹ oder ›Herrenrassen‹ kategorisiert. An der Spitze der Hierarchie stand der weiße Europäer. Im Kontext von transatlantischem Sklavenhandel und Kolonialismus erfand Europa seine ›unzivilisierten, primitiven Anderen‹, die es wahlweise zu ›retten‹ oder zu vernichten galt. Dieses Konstrukt führte dazu, dass der Kolonialismus von den Menschen in Europa mehrheitlich mitgetragen wurde. Vermittelt durch Medien, Politik, Kultur, Bildungswesen und Sprache sowie gefördert durch die fehlende öffentliche Auseinandersetzung mit kolonialer Geschichte ist dieser Diskurs bis in die Gegenwart hinein dominant.

Biologischen Unterschieden wie der Hautfarbe werden immer noch willkürlich spezifische kulturelle Eigenschaften zugeordnet. Solch rassistisches Denken wertet Menschen aufgrund äußerlicher Merkmale ab. Die Kategorie ›Rasse‹ ist politisch, kulturell und gesellschaftlich nach wie vor bedeutsam. Weiße Menschen aber machen sich kaum Gedanken über ihre Hautfarbe, da sie glauben, Weißsein sei das Normale, alles andere die Abweichung. Dabei ist auch Weißsein eine Konstruktion des Rassismus. Obgleich Weißsein erst im Gegensatz zu Schwarzsein Gestalt gewinnt, wird in mehrheitlich weißen Zusammenhängen ›Rasse‹ gemeinhin nur mit Schwarzsein assoziiert, so als hätten Weiße weder ›Rasse‹ noch Farbe. Seit der Erfindung der ›Rassen‹ haben sich Weiße hierzulande außerhalb dieser Kategorie positioniert, um aus der Außenperspektive das ›Andere‹ studieren und beherrschen zu können. Wenn Weiße über die eigene Identität reden, gehen sie meist auf Aspekte wie Beruf, Alter, Geschlecht und Religion ein, ohne anzuführen, dass sie weiß sind. Sie sind überzeugt davon, dass ihre Hautfarbe nichts über sie aussagt. Bei der Beschreibung oder Charakterisierung von Menschen afrikanischer Herkunft führen sie dagegen an erster Stelle deren Hautfarbe an.

Der Einteilung und Bewertung von Menschen anhand von Hautfarben steht das gänzliche Leugnen entsprechender Unterschiede gegenüber. Man bezeichnet dieses Leugnen auch als ›Farbenblindheit‹. Bewusst will man rassistische

Wahrnehmungsmuster und positive Hervorhebungen von Weißsein unterwandern. Man weigert sich, Menschen über Hautfarben wahrzunehmen. Äußerungen wie »alle Menschen sind doch gleich« oder »ich finde mein Weißsein unwichtig« zeugen vielleicht von einer guten Absicht. Diese ›Farbenblindheit‹ führt jedoch dazu, dass die von Menschen afrikanischer Herkunft tatsächlich erfahrenen Diskriminierungen nicht ernst genommen oder als Einzelfälle abgetan werden.

Es gibt auch vermeintlich positive Stereotype. Wenn zum Beispiel behauptet wird, dass Afrikanerinnen und Afrikaner schnell laufen, gut trommeln und tanzen können, kann man das auf den ersten Blick als positive Zuschreibungen bezeichnen. Menschen afrikanischer Herkunft wehren sich jedoch zu Recht dagegen, dass sie auf diese Weise stereotypisiert werden, beschränkt man doch damit ihre Fähigkeiten auf vermeintlich ›natürliche‹, körperbetonte Aktivitäten.

Weiße Menschen sind sich selten der privilegierten Position bewusst, in der sie sich befinden. Bei der Arbeits- oder Wohnungssuche und bei Behördengängen gehen sie selbstverständlich davon aus, respektvoll behandelt zu werden; sie müssen sich nicht mit Rassismus auseinandersetzen, wenn sie es nicht wollen. Ganz anders stellt sich die Situation für Menschen afrikanischer Herkunft dar. Tag für Tag werden sie mit Rassismus konfrontiert und müssen sich zwangsläufig damit auseinandersetzen. Auf besondere Weise betrifft dies Schwarze Deutsche, die jeden Tag erleben, dass sie aufgrund ihrer Hautfarbe zu ›Fremden‹, ›Anderen‹ gemacht werden. Sie werden mit Kommentaren wie »Du sprichst aber gut deutsch!« konfrontiert oder nach ihrem Herkunftsland befragt. Deutschsein wird implizit immer noch mit Weißsein gleichgesetzt. Diese ›Ver-Anderung‹ von Menschen kann auch in Gewalt umschlagen. Immer wieder kommt es zu rassistischen Übergriffen, bei denen Menschen verletzt oder gar ermordet werden. Mag man diese extremen Gewalttaten als Ausnahmen darstellen, so gibt es doch einen alltäglichen Rassismus, der sich in vielen Lebensbereichen niederschlägt.

Cartoon, Tom, 2002

Solange sich die in der Kolonialzeit konstruierten Afrikabilder halten, wird sich in den Köpfen der Menschen kaum etwas ändern. Solange aber wird auch der latente oder offene Rassismus gegen Menschen afrikanischer Herkunft nicht verschwinden.

... dörflich?

Ende des 19. Jahrhunderts wurde die koloniale Aneignung unter anderem mit der vermeintlichen Rückständigkeit des afrikanischen Kontinents gerechtfertigt. Das aus Strohhütten bestehende Dorf wurde als typische afrikanische Siedlungsform dargestellt. Afrikanische Strohhüttendörfer zierten schon früh Objekte der deutschen Alltagskultur. Daran hat sich bis heute wenig geändert. ›Folklore‹ dominiert die Darstellung Afrikas: Mit einem aktuellen Stickerheftchen kann man sich sein ›authentisches‹ afrikanisches Dorf basteln, das sich kaum von seinen gut 100 Jahre älteren Vorgängern aus Zinn unterscheidet. Heute wie damals entsprechen die Objekte keinem realen Dorf in einem bestimmten afrikanischen Land, sondern sind der Phantasie der europäischen Schöpfer entsprungen. Das moderne Afrika kommt auch in den Medien kaum vor, wenngleich Großstädte wie Lagos oder Johannesburg mit ihren Hochhäusern, ihrem Verkehr und ihrer Millionenbevölkerung den europäischen Metropolen in nichts nachstehen.

Figurengruppe »Afrikanisches Dorf«
Deutschland, 2008
nach einem Vorbild um 1890
Zinn, Pigment; H max. 3 cm
RJM 63885

Johannesburg, Südafrika, 2004

Bastelbogen »African Village«
England, 1998

... dienend?

»Ich bin doch nicht dein N...«, heißt es in einer bekannten Redewendung. Hinter diesem Spruch, der Afrikaner zu Dienern der Weißen macht, verbirgt sich eine Geschichte von Versklavung und Unterdrückung. Durch das Aufkommen des Sklavenhandels im 15. Jahrhundert wurden unzählige Afrikanerinnen und Afrikaner zur Ware degradiert. An europäischen Höfen galt es bald als schick, ›Mohren‹ als Diener zu halten – ein Statussymbol, das bewies, dass man sich ferne Welten angeeignet hatte. Das Motiv des ›Hofmohren‹ als Sinnbild für den exotischen Luxus von Kolonialwaren wie Kaffee und Kakao hat sich bis heute gehalten, etwa im 1918 erfundenen »Sarotti-Mohr«. Immer noch findet man uniformierte schwarze Dienerfiguren in Antiquitätengeschäften, Möbelhäusern und bei Internetauktionen. Dagegen setzen sich verschiedene Initiativen zur Wehr: »Ich gebe mein Geld lieber woanders aus«, heißt es auf Kärtchen, die »der braune mob e. V.«, eine medienkritische Organisation Schwarzer Menschen, denjenigen anbietet, die ein Zeichen gegen den öffentlichen Rassismus setzen wollen.

»Dame mit Mohrenknaben«
Entwurf von Paul Scheurich
Porzellanmanufaktur Meißen, Deutschland, 1919
Porzellan; H 29 cm
Museum für Angewandte Kunst Köln E 3854

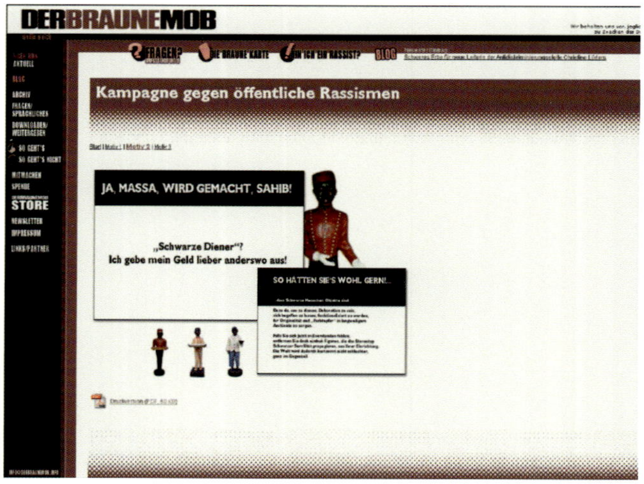

Homepage »der braune mob e. V.«

Sarotti-Mohr
Deutschland, 1950

... hilfsbedürftig?

In Afrika gab es eine enge Verbindung zwischen Mission und Kolonialismus. Vielerorts bereiteten die Missionen den Weg für eine gewaltsame Kolonialisierung und unterstützten die Zerstörung lokaler Kulturen. Durch Missionierung sollten die ›Heidenkinder‹ zum ›wahren Glauben‹ bekehrt werden. Symbol der Heidenmissionierung war der ›Nickn ...‹, der als Spendenbehälter in vielen Kirchen stand. Sobald eine Münze gespendet wurde, nickte er dankbar für das Almosen. Auch heute noch werden auf Plakaten verschiedener Hilfsorganisationen Afrikaner als Hilfsbedürftige präsentiert, die nur durch unsere Spenden leben, lachen und sich entwickeln können. Selbsternannte Experten bestimmen darüber, wie Afrika sich ›entwickeln‹ soll. Die Vorstellung, die Menschen in Afrika seien unselbständig und bedürften der führenden Hand des Westens, wurde unverändert aus der Kolonialzeit übernommen und lässt funktionierende wirtschaftliche Strukturen in Afrika ebenso außer Acht wie weltwirtschaftliche Verflechtungen. Stattdessen wird dem Spender suggeriert, mit einem geringen Beitrag Großes bewirken zu können.

Nickn ...
Deutschland, Anfang 20. Jh.
Holz, Gips; H 15,9 cm
Geldgeschichtliche Sammlung der Kreissparkasse Köln

Priestermangel in Deutschland
Bonn, Deutschland, 2010

Der in Tansania geborene Innocent Lyimo ist einer von über 200 afrikanischen Priestern, die in deutschen Gemeinden aufgrund von Priestermangel arbeiten.

Werbeplakat der Welthungerhilfe
Deutschland, 2005

… kindlich?

1885 – kurz nach der Aufteilung Afrikas unter den europäischen Kolonialmächten – tauchte das Lied »Zehn kleine N…« in dem deutschen Buch »Aus Kamerun« auf. Das Stereotyp des kindlichen Afrikaners wurde in der Kolonialzeit häufig verwendet, etwa um die Ausbeutung von Afrikanern durch Zwangsarbeit als ›Erziehungsmaßnahme‹ zu rechtfertigen. In dem Lied ist zwar von den »kleinen N…« die Rede, diese trinken jedoch Alkohol und heiraten eine Frau – Tätigkeiten, die normalerweise Erwachsenen vorbehalten sind. Der erwachsene Afrikaner wird somit als Kind dargestellt, das niemals erwachsen wird. Vom letzten »N…« heißt es in der Ursprungsfassung: »Das zehnte, das war schlau, es ging zurück nach Kamerun und nahm sich eine Frau.« Eine Moral mit aktuellem Bezug: Menschen afrikanischer Herkunft werden mit dieser Haltung in Deutschland auch heute noch häufig konfrontiert. Dass das Buch bis in die Gegenwart aufgelegt wird, trägt zur Fortschreibung rassistischer Stereotypen bei.

»Aus Kamerun«
Farbige Lithographie; H 36,5 cm
F. H. Benary & C. W. Allers,
München, Deutschland, 1885

Videostills aus »10 kleine N…«
Astrid Böhmerl, Carolin Hebig, Peter Friedrich, 2007

In dem Kurzfilm kommentieren Afrikanerinnen, Afrikaner und schwarze Deutsche das Lied »10 kleine N…«.

»10 kleine Negerlein«
Gerti Mauser-Lichtl, Rastatt, Deutschland, ca. 2000

... kannibalisch?

Bis in die 1970er Jahre waren Kannibalenwitze in populären Zeitschriften allgegenwärtig, und noch heute findet man sie in großer Zahl im Internet. Schon in frühen Reiseberichten galt Afrika als der ›dunkle‹, von Kannibalen bevölkerte Kontinent. Die ›Menschenfresser‹, wie zum Beispiel die als Niam-Niam verunglimpften Azande, dienten als Gegenbild der westlichen Gesellschaft. Indem man ihnen die Menschlichkeit absprach, konnte man ihre Ausbeutung rechtfertigen. Mittlerweile ist jedoch bekannt, dass Berichte über Kannibalismus fast ausschließlich auf Hörensagen beruhten.
Kaum bekannt dürfte sein, dass es in Deutschland bis ins 20. Jahrhundert eine gesellschaftlich akzeptierte Form von Kannibalismus gab: Mumia, ein Pulver aus zerriebenen ägyptischen Mumien, wurde in Apotheken vertrieben und von ›Patienten‹ als Heilmittel geschluckt oder auf die Haut gerieben. Es sollte gegen zahlreiche Krankheiten und Wunden wirken.

»Junge Niamniam in Kriegsrüstung«
Holzschnitt; H 16 cm
aus: G. Schweinfurth »Im Herzen von Afrika. Reisen und Entdeckungen im Centralen Aequatorial-Afrika während der Jahre 1868 bis 1871«, Leipzig, Deutschland, 1878

Dosen mit Mumiapulver
Deutschland, 18. Jh.

Cartoon, o. J.

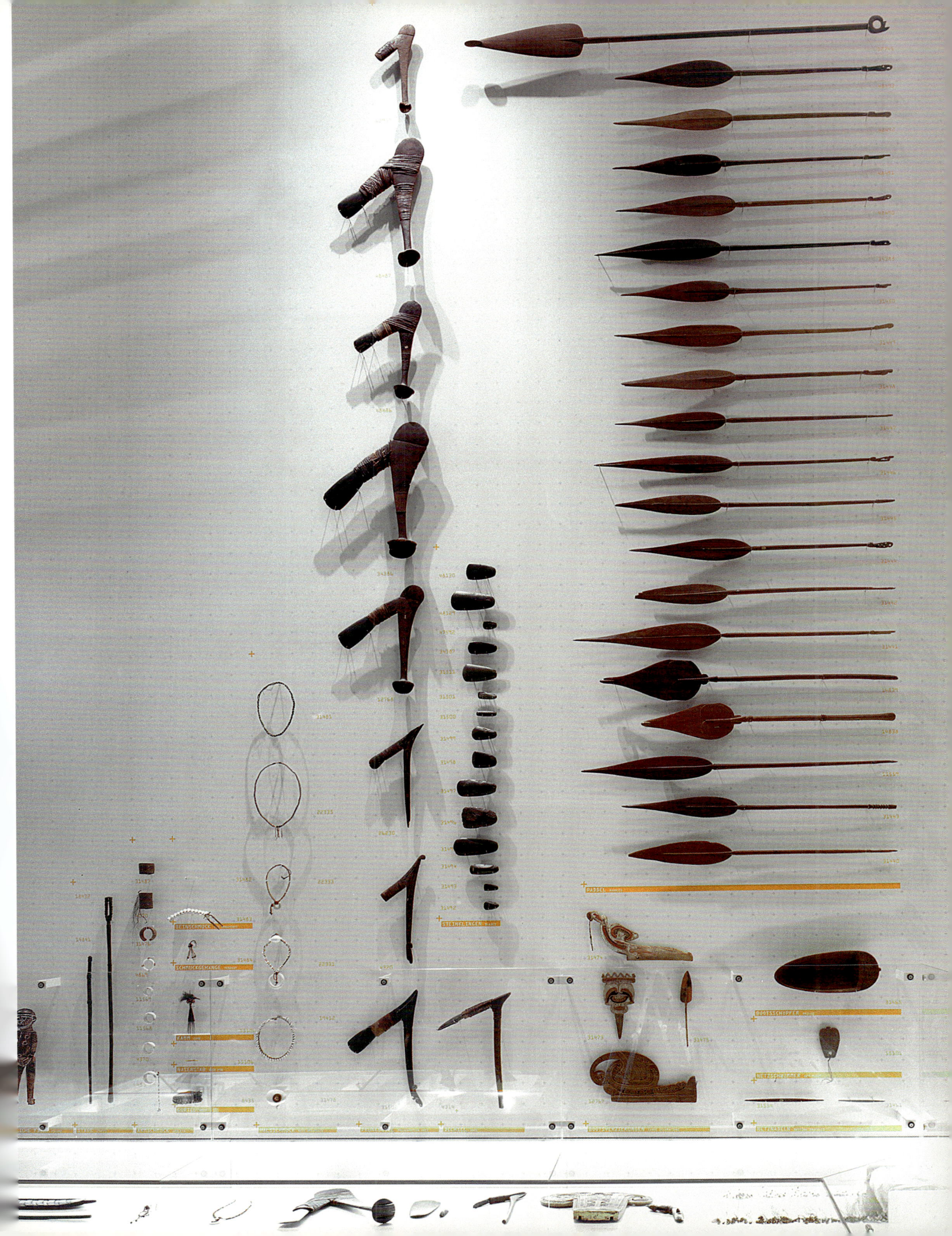
PADDEL
STEINKLINGEN

Die Welt in der Vitrine
Museum

Wissenschaftliche und gesellschaftspolitische Leitbilder verändern sich im Laufe der Zeit; Museumssammlungen überdauern diesen Wandel. Die Diskrepanz zwischen historisch gewachsener Sammlung und ihrer zeitgemäßen Interpretation und Präsentation stellt insbesondere für ethnologische Museen eine Herausforderung dar, die sich als Botschafter der Gesellschaften verstehen, aus denen die Objekte stammen.

Als »Sammelstellen für den stofflichen Kulturbesitz der fremden Völker« definierte der erste Ausstellungsführer des Rautenstrauch-Joest-Museums 1906 die Rolle der Völkerkundemuseen.[1] Die seit Mitte des 19. Jahrhunderts in Europa entstandenen Häuser hatten sich als ethnologische Forschungszentren die Aufgabe gestellt, anhand des aus aller Welt zusammengetragenen Materials die Entwicklungs- und Kulturgeschichte der Menschheit zu dokumentieren und zu rekonstruieren. Dieses Programm beruhte auf einem Konzept, das dem um die Jahrhundertwende herrschenden wissenschaftlichen Leitbild Rechnung trug und ideologisch die Machtverhältnisse jener Zeit widerspiegelte: Die augenfällige technologische Überlegenheit und globale Dominanz der Europäer stellte dieser Ansicht zufolge die europäische ›Zivilisation‹ entwicklungsgeschichtlich über die sogenannten ›Naturvölker‹, die vielfach als Überbleibsel älterer, von Europa bereits überwundener Kulturstufen betrachtet wurden und von denen man sich Aufschluss über die Urgeschichte der Menschheit erhoffte. Die daraus resultierende konzeptuelle Trennung zwischen ›Naturvölkern‹ und europäischer ›Zivilisation‹ legte die bis heute erkennbaren, aber inzwischen kritisch hinterfragten Grundlagen für die inhaltliche Ausrichtung der meisten ethnologischen Museen und die Gewichtung ihrer Sammlungen.[2]

Lager des Londoner Ethnographica-Händlers W. O. Oldman, um 1910

Wesentliche Erkenntnisse versprach man sich mangels schriftlicher indigener Quellen von der Untersuchung der materiellen Kultur. Objekte galten als unverfälschte, authentische Kulturzeugnisse, die sich zudem daheim im Museum untersuchen ließen und der Nachwelt und späteren Forschungen auch dann noch zur Verfügung standen, wenn infolge des europäischen Kolonisationsdrucks Normen, Werte, Glaubensvorstellungen und Institutionen der betreffenden Gesellschaften längst verloren oder erheblich verändert waren. Das Sammeln ethnografischer Objekte bildete somit anfangs neben der Forschung die Kernaufgabe der Völkerkunde. Erleichtert wurde die Umsetzung dieses Anspruchs durch die kolonialen Strukturen jener Epoche, die europäische Unternehmungen jeglicher Art politisch und logistisch begünstigten. Innerhalb weniger Jahrzehnte schwollen die Bestände in den ethnologischen Museen exorbitant an, mit der Folge, dass heute der überwiegende Teil der Museumsobjekte in der Regel aus der Zeit vor dem Ersten Weltkrieg stammt.

Mit den Sammlungen wuchs die Einsicht, dass eine quasi enzyklopädische Erfassung der materiellen Kultur aller Gesellschaften nicht zu leisten war. Der gewaltige Zustrom an Objekten verebbte allmählich, eine Entwicklung, die in Deutschland durch den Verlust der Kolonien nach 1918 beschleunigt wurde. Aus zuvor zeitgenössischen Sammlungen wurden historische, und der Gegenwartsbezug, den die Objekte zum Zeitpunkt ihres Erwerbs größtenteils noch aufwiesen, verlor sich um so schneller, je intensiver im Laufe des 20. Jahrhunderts Dekolonisation und Globalisierungseffekte die Gesellschaften veränderten, aus denen sie stammten. Deren jetzige Lebenswirklichkeit dokumentiert die Mehrzahl der in früheren Jahren erworbenen Objekte heute weniger als je zuvor.

Die weltwirtschaftliche Verflechtung und wechselseitige Beeinflussung von Staaten und Völkern verwischt heute mehr denn je die vom Moment des ersten Kontaktes an bereits nicht mehr trennscharfe konzeptuelle Scheidung zwischen der ›eigenen‹, europäischen Kultur des Ethnologen und den ›anderen‹, von ihr unberührten Gesellschaften. Deren heutige Lebenswelt sammlerisch zu dokumentieren, würde genau genommen bedeuten, auch Beispiele maschinell gefertigter Kleidung, elektronischer Kommunikationsmittel und anderer industrieller Handelsgüter in den Bestand zu integrieren – ein Ansatz, der von keinem Museum ernsthaft verfolgt wird. Gesammelt wird in der Regel weiterhin das kulturspezifische Material, das einer Gesellschaft eigentümlich ist, worin sich ihre schöpferische Eigenleistung offenbart und sie sich von anderen unterscheidet. Völkerkundemuseen haben traditionell einen ethnischen oder regionalen Fokus, was im Zeitalter globaler Vernetzung und weltweiter Wechselwirkungen Fragen nach einer Erweiterung ihrer Aufgabenfelder aufwirft. Auch wenn lokale ›Traditionen‹ vielerorts bis heute noch lebendig sind und genügend ›Sammelstoff‹ bieten, bilden ethnologische Museen mit ihren überwiegend historischen Sammlungen faktisch kulturgeschichtliche Archive, die das kulturelle Erbe von menschlichen Gemeinschaften beherbergen, in denen diese Gegenstände selbst zumeist der Vergangenheit angehören.

Magazin im alten Rautenstrauch-Joest-Museum, 2008

Diese Ungleichzeitigkeit von gelebter kultureller Praxis und musealer Repräsentanz tritt besonders deutlich in den ›klassischen‹ ethnologischen Dauerausstellungen zutage, deren Exponate sich üblicherweise aus dem museumseigenen, historisch gewachsenen Bestand rekrutieren.[3] Kulturen oder gar ganze Kulturräume erscheinen hier weitgehend unberührt von äußeren Einflüssen in einer Art statischem, unveränderlichem Urzustand. Diese Darstellung im ›ethnografischen Präsens‹ blendet Wandel und innergesellschaftliche Dynamik aus oder widmet ihnen lediglich eine Randbemerkung. Nicht leichter wird die Angelegenheit für die Museen dadurch, dass das Interesse, das sie beim Besucher wecken wollen, Objekten gilt, zu denen die hiesige Öffentlichkeit weder kulturell noch geografisch noch zeitlich einen Bezug hat, und dass der vielleicht einfachste Weg zugleich der verpönteste ist – nämlich die exotischen Klischees zu bedienen, die besonders dem Fremden, Fernen und Vergangenen anhaften.

Ozeanien-Ausstellung im Rautenstrauch-Joest-Museum, 1970er Jahre

Eine Möglichkeit, dem Problem des ›ethnografischen Präsens‹ zu begegnen, besteht schlicht darin, den kulturellen Kontext der Exponate hintanzustellen und stattdessen auf ihren künstlerischen Wert abzuheben. Kriterium der Präsentation ist dann zuvörderst die in europäischen Augen ästhetische Qualität der Objekte und nicht ihr erkenntnisfördernder Gehalt. Diese Betrachtungsweise erscheint in gewisser Weise paradox: Indem man den aus ihrem kulturellen Bedeutungszusammenhang gelösten Objekten einen quasi zeitlosen ästhetischen Wert zuschreibt, betrachtet man sie gewissermaßen ahistorisch, misst aber zugleich ihrem Alter eine besondere Bedeutung bei, denn höheres Alter suggeriert größere Authentizität, und die geschätzte Gebrauchspatina eines Gegenstands verdankt sich genau dem kulturellen Kontext, der bei der Präsentation beiseite gelassen wird.[4] Die positive Aufwertung der Exponate als Kunst hat dabei den willkommenen Nebeneffekt, dass mittelbar über die Artefakte auch die Kulturen gewürdigt werden, die solche Werke hervorgebracht haben.

Szene aus »Männerbünde – Männerbande«, einer kulturvergleichenden Ausstellung des Rautenstrauch-Joest-Museums, 1990

Eine ahistorische Perspektive mit einer kontextuellen Präsentation zu verbinden, gelingt kulturvergleichenden Ausstellungen, die kulturübergreifende Themen wie Identität, Glauben oder Tod behandeln. Selbst wenn die unter einem Thema vorgestellten Gesellschaften in ihrem jeweils eigenen historischen Bedeutungszusammenhang präsentiert werden – etwa ein neuguineisches Männerhaus des 20. und ein osmanischer Empfangssalon des 19. Jahrhunderts als Beispiele menschlicher Wohnformen –, so verdeutlicht die Ungleichzeitigkeit dieser Fälle letztlich die ›überzeitliche‹ Perspektive, die für die dargestellten Ausstellungsthemen gilt. Die Exponate stehen hier nicht für unterschiedliche Zeiten oder Epochen, die miteinander verglichen werden, sondern sie veranschaulichen unterschiedliche Bewältigungsmuster immerwährender menschlicher Grundthemen.

Eine Alternative zum ›zeitlosen‹ musealen Umgang mit den Objekten zeigen Ausstellungen auf, die den historischen Kontext ihres Erwerbs thematisieren und dabei zugleich eine Brücke zur Gesellschaft des europäischen Museumsbesuchers schlagen. Sie stellen ethnografische Sammlungen als Ergebnis eines europäisch-überseeischen Kulturkontaktes vor, der unter bestimmten geschichtlichen, häufig kolonialzeitlichen Bedingungen erfolgte. Im Fokus steht hier der Bedeutungswandel, den das Objekt auf dem Weg vom Gebrauchsgegenstand zum Museumsexponat durchlaufen hat.

Das Spektrum verschiedener Präsentationsweisen macht deutlich, dass ethnologische Ausstellungen die Wirklichkeit nicht einfach abbilden, sondern jeweils unter einem spezifischen Blickwinkel zeigen. Sie stellen gewissermaßen ein konzeptuelles Navigationsgerät dar, das dem Besucher eine bestimmte Blick- und Denkrichtung nahelegt. So gesehen verfügen Museen über eine – je nach ihrer gesellschaftlichen Geltung – mehr oder minder starke Deutungsmacht. Dass ihre Sicht der Dinge nicht den Eigenwahrnehmungen der präsentierten Kulturen entspricht, sondern eher Denkschemata der westlichen Gesellschaft artikuliert, liegt nahe. Deshalb nimmt es nicht wunder, dass indigene Stimmen seit geraumer Zeit eben diese Deutungsmacht ethnologischer Museen angreifen, die sich doch gemeinhin selbst als Fürsprecher der Gesellschaften verstehen, deren Kulturerbe sie bewahren. Wenn man bedenkt, dass bis ins 20. Jahrhundert hinein zum Beispiel australische Aborigines in vielen Völkerkundemuseen entwicklungsgeschichtlich der untersten Kulturstufe der Menschheit zugerechnet wurden, erstaunen die heutigen kritischen Reaktionen nicht.

Die indigenen Vorwürfe und Forderungen offenbaren, dass das herkömmliche lineare Verständnis ethnologischer Museumspraxis – erst Datenerheben und Sammeln im ›Feld‹, dann wissenschaftliches Bearbeiten, Bewahren und gegebenenfalls Ausstellen der Objekte daheim im Museum – zwar nicht einer gewissen

Logik entbehrt, aber doch zu kurz greift. Die ›besammelten‹ Gesellschaften erweisen sich mit einem Male nicht als passive, mitunter schon totgesagte ›Studienobjekte‹, sondern als zielbewusste politische Akteure auf nationaler und internationaler Bühne. Nicht lange nach ihrem ersten Kontakt mit Europäern wurden die ›unberührten‹ Kulturen, die untereinander oft bereits weitreichende Beziehungen hatten, Teil des globalen Handelsnetzwerks und stellten sich darauf ein. Bereits im 19. Jahrhundert reagierten indigene Hersteller ethnografischer Objekte vielfach gezielt auf europäische Nachfrage und produzierten direkt für den Verkauf an die Kunden aus Übersee. Heute wissen viele indigene Gemeinschaften um den Verbleib ihres kulturellen Erbes in ethnologischen Museen, und ein medienwirksames Thema wie die Diskussion um die Rückgabe von Kulturgut vermittelt auch der Öffentlichkeit einen Eindruck davon, dass der ›Lebensweg‹ der Objekte im Museum nicht unbedingt zu Ende sein muss.

Australien-Sonderausstellung im Rautenstrauch-Joest-Museum, 1907

Wie Ironie der Geschichte mutet es an, dass gerade das Interesse heutiger indigener Gemeinschaften an den Objekten ihrer Vorfahren den oft vermissten Bezug der historischen Sammlungsbestände zur Gegenwart wiederherstellt. Ihr Fall zeigt, dass für ethnologische Museen neben den herkömmlichen vier musealen Arbeitsfeldern – Forschen, Sammeln, Bewahren und Vermitteln – ein fünftes an Bedeutung gewinnt: das Verhandeln von Forderungen und Anliegen der Gesellschaften, deren kulturelles Erbe sie bewahren.[5] Historisch bedingt betrifft dies in erster Linie frühere Siedlerkolonien wie die USA, Kanada, Australien und Neuseeland, in denen die indigene Bevölkerung heute zur Minderheit geworden ist. Für die nicht selten an den Rand der Nationalgesellschaft gedrängten Gemeinschaften bilden die in Museen liegenden Zeugnisse ihrer Kultur in besonderem Maße sicht- und greifbare Belege der eigenen Vergangenheit und einen materiellen Bezugspunkt ihrer kulturellen Identität. Der dominanten Mehrheitsgesellschaft ein Mitspracherecht an Ausstellungen, eine zeitweilige Nutzung von Museumsobjekten für zeremonielle Zwecke oder deren dauerhafte Rückgabe abzutrotzen, bedeutet nicht nur, ein Stück Verfügungs- und Deutungsgewalt über diese Gegenstände zurückzugewinnen, sondern ist zugleich als Akt politischer Selbstbehauptung und gesellschaftlicher Partizipation in einer multikulturellen Nation zu verstehen.

Natürlich sind sich indigene Minderheiten wie auch die Nachfolgestaaten ehemaliger Kolonien meist bewusst, dass ohne die ethnologischen Museen heute ein Großteil ihres kulturellen bzw. nationalen Erbes unwiederbringlich verloren wäre.[6] Ihr kritisches Interesse an den Sammlungen muss Museen nicht zwangsläufig befürchten lassen, unablässig Restitutionsforderungen ausgesetzt zu sein, sondern öffnet auch Raum für Kooperationen und neue Perspektiven, wie zum Beispiel gegenseitige Konsultationen und gemeinsam kuratierte Ausstellungen.[7]

Wenngleich die Debatte um indigene Belange vor allem in den genannten vier Staaten ausgetragen wird und sich die Mehrzahl der einst kolonisierten Gesellschaften und Länder bislang eher peripher an ihr beteiligt, bleiben die hiesigen ethnologischen Museen von der Entwicklung nicht unberührt. Sie müssen erkennen, dass ihren überwiegend historischen Sammlungen in vielen Fällen heute noch – oder heute wieder – auch außerhalb ihrer Schausäle und Magazine Bedeutung beigemessen wird. Das Interesse indigener Gesellschaften am Erbe ihrer Vorfahren katapultiert die Objekte gewissermaßen aus dem ›ethnografischen Präsens‹ in die reale, gelebte Gegenwart mit all ihren Konflikten und Widersprüchen. Genau genommen spiegelt sich in dem Aushandeln musealer und indigener Positionen das postkoloniale Leitbild unserer Zeit wider: der viel beschworene und gerade auch von ethnologischen Museen oft propagierte Dialog der Kulturen.

Das ethnografische Objekt
Sammeln und Bewahren

»Die ethnographischen Museen schwollen an wie trächtige Flusspferde«, bemerkte einst lakonisch der deutsche Afrikaforscher Leo Frobenius über die euphorische Sammelphase Anfang des 20. Jahrhunderts, als jährlich Tausende Objekte aus aller Welt in die europäischen Völkerkundemuseen gelangten.[8] Die Quellen dieses anhaltenden Zustroms waren neben Forschern zumeist Reisende, Kolonialbedienstete und Missionare, aber auch professionelle Ethnographicahändler, die sich von Agenten vor Ort beliefern ließen oder Privatsammlungen aufkauften.

»Zu retten, was zu retten ist« lautete der Leitspruch der ethnologischen Museen, die angesichts des rapiden wirtschaftlichen und kulturellen Wandels in den damaligen Kolonien bestrebt waren, ausreichend Anschauungs- und Forschungsmaterial zu erlangen, sah man die betroffenen Kulturen doch über kurz oder lang dem Untergang geweiht.[9] Die kolonialen Strukturen jener Zeit erleichterten Museen und Sammlern den Zugang zu den okkupierten Gebieten und somit auch die Beschaffung von Objekten. Das 1901 gegründete Rautenstrauch-Joest-Museum besaß bereits 1918, am Ende der deutschen Kolonialzeit, über 33 400 Objekte, mehr als die Hälfte des heutigen Bestandes, von denen über 30 Prozent aus den deutschen Kolonien stammten. Wenngleich die meisten Völkerkundemuseen sich stets als wissenschaftliche Institutionen verstanden und koloniale Belange in ihrer Arbeit eine Nebenrolle spielten, profitierten sie auf diese Weise doch von der kolonialen Politik.

Schnitzer bei der Produktion von Souvenir-Artikeln
Boitalu, Trobriand-Inseln, Ozeanien, ca. 1952

Letztlich sind alle ethnografischen Sammlungen Ergebnis eines interkulturellen Kontakts zwischen Sammler und lokaler Bevölkerung. Das gilt auch für die vielen Objekte, die tatsächlich in Gebrauch waren, bevor sie von Europäern erstanden wurden, denn ihr Erwerb spiegelt die persönlichen und kulturspezifischen Interessen und Vorlieben des Sammlers ebenso wider wie die Bedingungen, unter denen sie den Besitzer wechselten. Zum Beispiel waren die meisten Sammler Männer und ihre lokalen Kontaktpersonen in der Regel Geschlechtsgenossen, und so nehmen nicht von ungefähr Waffen einen erheblichen Anteil in den Museumsbeständen ein. Welche Objekte die Sammler während ihres oft nur kurzen Aufenthalts überhaupt zu Gesicht bekamen, hing zudem von Faktoren wie Zeit, Ort und Umständen der Begegnung ab. Wie die Sammler die Objekte vor Ort erlangten – ob durch Ankauf, Tausch, Raub oder als Geschenk – ist heute im Einzelfall meist nicht mehr nachzuvollziehen.

Die Zeit extensiven ethnografischen Sammelns ist vorüber. Was von ethnologischen Museen heute gesammelt wird, ist in der Regel weiterhin das kulturspezifische, regionaltypische Objekt, nur dass dessen Eignung als Kunstwerk heute in vielen Fällen ein stärkeres Augenmerk als früher gewidmet wird. Sammlungen,

in denen sich globale Einflüsse auf die lokalen Kulturen im Sinne einer ›Glokalisierung‹ widerspiegeln, bilden eher die Ausnahme.
Die folgende Objektauswahl aus der Sammlung des Rautenstrauch-Joest-Museums illustriert am Beispiel einer Region, dem Massim-Gebiet Südostneuguineas, verschiedene Facetten ethnografischen Sammelns.

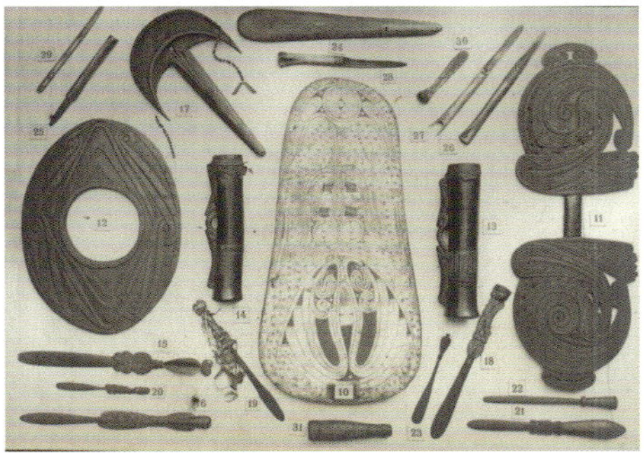

Objektangebot aus einem Katalog des Londoner Ethnographica-Händlers W. O. Oldman

Die Abbildung zeigt unter anderem den vom Rautenstrauch-Joest-Museum erworbenen Tanzkopfschmuck. Die große Nachfrage nach Ethnographica Ende des 19. Jahrhunderts führte dazu, dass sich professionelle Händler etablierten, die Objekte aus aller Welt in Versandkatalogen anboten, aus denen Museen bestellten.

Tanzkopfschmuck
Massim-Gebiet, Papua-Neuguinea,
Ozeanien, um 1900
Holz, Farbe; H 45 cm
Ankauf W. O. Oldman, London, 1907
RJM 19407

Kalkspatel
Massim-Gebiet, Papua-Neuguinea, Ozeanien, Ende 19./Anfang 20. Jh.
Holz, teils Glasperlen, Pflanzenfasern, Farbe; H 17 bis 41 cm
Kleine Abbildungen v. l. n. r.: RJM 4659, 22488, 27697, 19398, 16936, 22147, 31513, 26231, 31510, 31514, 31512, 4655, 31515, 12364, 31517, 31519
Große Abbildung: RJM 31536

Die Nachfrage nach Objekten erhöhte mancherorts das Angebot: So entwickelte sich in vielen Fällen eine rege Souvenirindustrie, die begehrte Stücke direkt für den Verkauf produzierte. Die Kalkspatel des Massim-Gebiets zum Beispiel, die traditionell zur Einnahme gebrannten und pulverisierten Kalks beim Verzehr der Betelnuss verwendet wurden, eigneten sich hervorragend als Mitbringsel für daheim und gelangten zu Tausenden in europäische Museen und Privatsammlungen. Sie waren formschön, abwechslungsreich gestaltet, typische Landesprodukte und von koffertauglicher Größe.

Menschliche Figur
Massim-Gebiet, Papua-Neuguinea,
Ozeanien, Ende 19. Jh.
Holz, Farbe; H 58 cm
Ankauf Sammlung Klaus Clausmeyer,
Düsseldorf, 1966
RJM 48497

Wie im Falle dieser Figur aus einer Privatsammlung sind Herkunft und Bedeutung vieler Museumsobjekte unzureichend dokumentiert. Manches kann später nur über Vergleichsobjekte und nachträgliche Recherchen festgestellt werden. Frei stehende menschliche Figuren des Massim-Gebiets zum Beispiel sollten Berichten zufolge vor Schadenzauber schützen. Umgekehrt konnten figürliche Stäbe unheilstiftend eingesetzt werden. Zahlreiche Objekte wurden aber ohne diese Intention bereits Ende des 19. Jahrhunderts für den Verkauf an Europäer geschnitzt.

Das ethnografische Objekt
Rezeption und Interpretation

Eine Kultur ist mehr als die Summe ihrer Objekte. Aus ihrem kulturellen Umfeld gerissen, werden Dinge zu Versatzstücken, die der Betrachter in einen ihm geläufigen Sinnzusammenhang stellt.

Menschen nehmen Gegenstände, deren Bedeutung und Verwendung sie nicht kennen, durch die ›Brille‹ wahr, die sie gewohnt sind. So empfindet ein Ausstellungsbesucher ein ethnografisches Objekt zum Beispiel als Kunstwerk, primitives Erzeugnis, exotisches Schaustück oder ingeniöses Exempel menschlichen Erfindungsgeistes.

Museumsethnologen dokumentieren, interpretieren und rekonstruieren den kulturellen Kontext von Objekten. Ihre Rezeption der Kultur stellt die Dinge in einen wissenschaftlichen Ordnungsrahmen, der manche Aspekte betont, andere auslässt. So präsentieren auch Ausstellungen stets nur eine Sicht auf eine Kultur, nicht die Kultur selbst.

Auslegerboot auf See
Trobriand-Inseln, Papua-Neuguinea, Ozeanien, 1989

Stevenspritzschutz
Massim-Gebiet, Papua-Neuguinea, Ozeanien, um 1900
Holz, Farbe; B 65 cm
Ankauf Gerrard & Sons, London, 1904
RJM 12766

Die mit typischen Mustern des Massim-Gebiets beschnitzten Stevenbretter, die an beiden Enden der großen Auslegerboote die Seitenwände miteinander verbinden und während der Fahrt ein Eindringen der aufspritzenden Gischt verhindern, stellen auf dem internationalen Kunstmarkt begehrte Sammelobjekte dar.

Schild
Trobriand-Inseln, Massim-Gebiet,
Papua-Neuguinea, Ozeanien, vor 1900
Holz, Rotang, Pflanzenfaser, Farbe; H 76,3 cm
Ankauf Gerrard & Sons, London, 1904
RJM 12758

Die bis 1900 verwendeten Kampfschilde der Trobriander veranlassten Ethnologen zu Spekulationen über die Bedeutung ihrer auffälligen Verzierung. So wurde das Muster zum Beispiel als figürliche, sexuell gefärbte Darstellung interpretiert. Die Auswertung zuvor unpublizierter Aufzeichnungen des Ethnologen Bronisław Malinowski, der zur Zeit des Ersten Weltkriegs in dem Gebiet forschte, und die Befragung des Trobriander Paramount Chiefs Pulayasi in den Jahren 2005 und 2006 haben mittlerweile erwiesen, dass die Zeichnung stattdessen als Gruppe von Einzelmotiven zu verstehen ist, die alle in einer Beziehung zum Krieg stehen. In dem Ensemble ein Gesamtmotiv zu sehen, entspringt offensichtlich europäischen Seh- und Interpretationsgewohnheiten.[10]

Trobriand-Krieger mit Speer und Schild

Die gestellte Aufnahme gibt die Kampfsituation falsch wieder, da auf den Trobriand-Inseln beim Kampf die Schildträger die erste Reihe bildeten, hinter der die Speerwerfer agierten; beide Funktionen wurden nicht von ein und derselben Person wahrgenommen.[11]

Ansichtssachen?! Kunst

Eine der Möglichkeiten, sich außereuropäischen Kulturen zu nähern, ist die ästhetische Wahrnehmung von Objekten. Bei dieser vom westlichen Kunstverständnis geprägten Sicht tritt der funktionale Kontext, in dem das Werk einst stand, in den Hintergrund.

In allen Kulturen der Welt versuchten und versuchen Menschen durch Zeichen, Bilder, Symbole, Farben und Formen eine Ausdrucksform – Kunst – zu finden, die ihr Denken, ihr Weltbild, ihren Glauben offenbart. Eine verbindliche Definition von Kunst oder eine Antwort auf die Frage, was Kunst ist, gibt es bis heute nicht. In Europa wurde die Idee der reinen, ›autonomen‹ Kunst (*l'art pour l'art*), deren Werke in keinem funktionalen Zusammenhang stehen und frei von jedweden – zum Beispiel religiösen oder politischen – Zwecken sind, erst in der Aufklärung im späten 18. Jahrhundert im Zuge der ›Moderne‹ entwickelt. Dagegen steht jedes der im neuen Ausstellungsparcours des Rautenstrauch-Joest-Museums gezeigten Meisterwerke außereuropäischer Herkunft ohne Ausnahme in einem funktionalen, meist rituellen Kontext – wie auch die Kunst in Europa vor der ›Moderne‹. Dabei zeigt jede Kultur ihr ganz eigenes ästhetisches Empfinden. Zur Eröffnung stehen in der Abteilung Kunst menschliche Figuren – Meisterwerke außereuropäischer Kulturen aus der Sammlung des Rautenstrauch-Joest-Museums – im Fokus.

Die meisten Schöpfer dieser großartigen Objekte – Künstler im westlichen Verständnis – sind in Europa bis auf wenige Ausnahmen nicht als individuelle Personen bekannt, da die Rolle eines Holz- oder Elfenbeinschnitzers, eines Metallgießers, eines Steinhauers, eines Töpfers oder einer Töpferin die eines Handwerkers war, der in der Regel in fremdem Auftrag arbeitete. Frühe Ethnologen, Sammler und Museumskuratoren sahen ihre Schöpfungen vorwiegend als Dokumente oder Exotika an, nicht aber als Kunst.

Der Ethnologe Christoph Antweiler hat die Problematik des Begriffs ›Kunst‹ auf der Suche nach Universalien in den Kulturen der Welt treffend zusammengefasst: »In manchen Gesellschaften fehlt ein Wort für Kunst, [...] und viele haben kein Konzept von Ästhetik. Dennoch gibt es in allen Kulturen ähnliche Ideen zur Kunst. [...] wir könnten heute Tausende lebender Kulturen befragen. Dort finden wir immer wieder Wendungen wie ›etwas besonders gut machen‹, ›etwas ganz besonders machen‹, ›etwas feinsinnig ausdrücken‹, ›etwas speziell fertigen‹ oder ›etwas genial machen‹. Quer durch die Kulturen existiert die Idee, dass es Kulturprodukte gibt, die nicht nur nützlich, stabil, haltbar und dergleichen sind, sondern ›etwas mehr‹, eben außer-gewöhnlich.«[1]

Innerhalb der Ethnologie und in bewusster Abgrenzung zur vorherrschenden Kunstgeschichte geht die Beschäftigung mit außereuropäischer Kunst seit den 1920er Jahren auf die grundlegenden Forschungsarbeiten von Adolf Bastian, Franz Boas, Marcel Griaule und Bronisław Malinowski zurück. Deren ethnologische Untersuchungen in Amerika, Afrika und der Südsee hatten mit der Diskrepanz zu kämpfen, dass auch sie den westlichen Kunstbegriff von ästhetischer Wirkung und künstlerischer Form als Wertungskriterium gegenüber der Erkenntnis bevorzugten, dass den Artefakten anderer Kulturen in der Regel immer eine anwendbare Funktion innewohnt. Erst in den 1950er Jahren etablierte sich auf der Grundlage des kulturrelativistischen Konzepts von Franz Boas ein universeller Kunstbegriff, demzufolge Kunst als Reaktion auf das Bedürfnis eines jeden Menschen nach ›besonderem Ausdruck‹, ›besonderem Bemühen‹ oder ›besonderem technischen Vermögen‹ beruht.

»Stilleben mit Negerplastik«
Karl Schmidt-Rottluff, Deutschland, 1913
Öl auf Leinwand; H 73 cm

Die Auseinandersetzung mit bis dahin lediglich als exotisch oder kurios angesehenen Objekten begann aus kunsthistorischer Perspektive, als avantgardistische Künstlerkreise sie für sich unter anderem in ethnologischen Museen entdeckten und unter rein formalästhetischen Gesichtspunkten interpretierten. Der eigenen Tradition überdrüssig und sensibilisiert durch den Impressionismus des ausgehenden 19. Jahrhunderts, war ihr Verlangen nach neuen gestalterischen Ausgangsformen ungeheuer groß und prägend. Verschiedene, das 20. Jahrhundert kennzeichnende europäische Kunstrichtungen nahmen die Formensprache dieser bis dahin kaum wahrgenommenen Kunstwerke begierig auf – zum Beispiel der Expressionismus Ernst-Ludwig Kirchners, Emil Noldes oder Karl Schmidt-Rottluffs, der Fauvismus eines Henri Matisse, der Kubismus von Pablo Picasso, bis hin zum Dadaismus eines Kurt Schwitters und dem Surrealismus von Alberto Giacometti oder Salvador Dalí. Die Entstehung der modernen Kunst ist geprägt von der Abkehr der ausschließlich optischen Wahrnehmung und Wirkung sowie der Hinwendung zu geistigen Konzeptionen, wodurch erst Stilisierung und Abstraktion entstehen konnten.[2] Sehr deutlich nachvollziehbar ist dies bei Max Ernst: Seine Bronzeskulptur »Apaisement« (»Beruhigung«) erscheint wie aus Scheiben aufgebaut und erinnert an Ahnengedenkköpfe der Ashanti in Ghana, Westafrika; mit ihren geometrischen Formen und den geheimnisvollen Zeichen auf der Oberfläche wirkt sie wie eine Kultstatue.

Die nach westlichem Empfinden Ende des 19., Anfang des 20. Jahrhunderts beginnende Ästhetisierung außereuropäischer Ritualobjekte führte zur Anerkennung bestimmter Schöpfungen als ›Meisterwerke‹, gleichberechtigt neben solchen der europäischen Kunst. Bezogen auf den Begriff Kunst ist in der Ethnologie die sogenannte außereuropäische Kunst gegenüber den Sujets der klassischen Kunstgeschichte abzugrenzen, die sich vor allem für die europäische Kunst der Antike und für die Kunst vom frühen Mittelalter bis in die Gegenwart interessiert. Aus forschungsgeschichtlicher Sicht wurden Zeugnisse materieller Kultur, die einer Vielzahl von Gesellschaften aus der ganzen Welt entstammten, von der Kunstgeschichte nur dann thematisiert, wenn sie die westliche Kunst zu beeinflussen schienen. Die Diskrepanz zwischen ethnologischer und kunstgeschichtlicher Kunstauffassung demonstriert die Präsentation außereuropäischer Kunstwerke in Museen, Galerien oder auf Kunstmessen. »Kunst oder Kontext« könnte die Überschrift einer seit nunmehr 30 Jahren andauernden Diskussion lauten, die einst von Werner Schmalenbach, dem langjährigen Leiter der Kunstsammlung Nordrhein-Westfalen, initiiert wurde. Er plädierte für die gleichberechtigte Präsentation außereuropäischer und zeitgenössischer Kunst Europas. Demgegenüber fordern die meisten Museums- und Kunstethnologen zwingend die Einbindung eines Objektes in seinen Kontext und seine Funktion, ohne die ein Verstehen dieser Objekte ihrer Meinung nach unmöglich ist. Eine Präsentation ohne den Kontext untergräbt aus ethnologischer Sicht den Wert der Artefakte, die eben nicht wie westliche Kunst vornehmlich zum ästhetischen Genuss produziert wurden.

Im Zusammenhang mit der anhaltenden Diskussion um die Konzeption des zukünftigen Humboldt-Forums im wieder aufgebauten Berliner Schloss bringt Karl-Heinz Kohl als einer der führenden deutschen Universitätsethnologen eine neue Sichtweise ein: Er plädiert unter dem Schlagwort »Kontext ist Lüge« für eine kontextlose Präsentation von Objekten in Museen, weil dort Gegenstände zusammengeführt würden, die ursprünglich anderen Dingordnungen angehörten und somit nicht als Kunst definiert wurden.[3] Ein rekonstruierter Kontext

Max Ernst 1964 in seinem Pariser Atelier mit einer Maske der Nafana, Côte d'Ivoire, Westafrika

aber bilde keine Realität ab, da sich Kontexte nicht transferieren ließen – eine durchaus fragwürdige Haltung, die das Kölner Rautenstrauch-Joest-Museum entschieden ablehnt.

Ging es bisher um alte außereuropäische Kunst, die sich unter dem Begriff ›Stammeskunst‹ auf dem internationalen Kunstmarkt etabliert hat, ist ein Blick auf die zeitgenössische außereuropäische Kunst ebenso angebracht, um die bestehende Problematik zu verstehen. Zum europäischen oder amerikanischen Kunstmarkt finden nach wie vor nur wenige zeitgenössische Künstler aus Afrika, Asien, Lateinamerika oder Ozeanien Zugang. 1992 sprach Jan Hoet, seinerzeit Leiter der »documenta IX«, der afrikanischen zeitgenössischen Kunst gar die Gleichberechtigung zur westlichen schlichtweg ab. Der Grund dafür liegt in einem nach wie vor weit verbreiteten, jedoch längst überholten Kunstbegriff, der über Jahrhunderte in Europa entstanden ist – ein eurozentrischer und elitärer Kunstbegriff, der insbesondere von Joseph Beuys zeitlebens bekämpft wurde.

»Apaisement«
Max Ernst, Deutschland, 1961
Bronze; H 68 cm
Museum Ludwig, Köln

Die menschliche Figur

Figur einer Gottheit *dinonga eidu*
Nukuoro, Karolinen, Mikronesien,
Ozeanien, 19. Jh.
Holz; H 51 cm
Ankauf C. Jeschke, Zehden/Oder, 1920
RJM 34029

Zu den eindrucksvollsten Werken ozeanischer Kunst gehören die menschengestaltigen Figuren von dem kleinen mikronesischen Atoll Nukuoro. Die Künstler verstanden es, den menschlichen Körper auf seine Grundformen zu reduzieren: Augen, Ohren und Mund sind weggelassen, Arme und Beine auf das Wesentliche zurückgeführt. Die Schulterpartie ist mit einer feinen Ritzzeichnung verziert, die dem Tatauiermuster der Oberhäupter Nukuoros und ihrer Angehörigen entspricht.
Die Standbilder verkörpern Gottheiten und vergöttlichte Ahnen. Sie waren »mit Zeug umwickelt«, wie ein europäischer Reisender in der zweiten Hälfte des 19. Jahrhunderts beobachtete, und wurden in Kulthäusern oder auf Kultplätzen aufbewahrt und verehrt. Anlässlich eines großen, alljährlich wiederkehrenden Festes versammelten sich die polynesischstämmigen Bewohner der Insel vor den eigens für diese Feier geschmückten Figuren und brachten ihnen Früchte und andere Nahrung als Opfer dar. Viel ist nicht bekannt über den religiösen Kontext dieser seltenen Skulpturen; die Ende des 19. Jahrhunderts einsetzende christliche Missionierung der Bewohner Nukuoros ließ die alten religiösen Vorstellungen und Praktiken bald in Vergessenheit geraten.
Afrikanische und ozeanische Plastiken dienten expressionistischen und surrealistischen Künstlern als Quelle der Inspiration. Der Schweizer Bildhauer Alberto Giacometti (1901–1966) kopierte außereuropäische Kunst mit dem Zeichenstift, um, wie er schrieb, »über das, was ich sehe, ins klare zu kommen«.[4] In einer Ausgabe der französischen Kunstzeitschrift »Cahiers d'Art« aus dem Jahre 1929 fand er zahlreiche Beispiele ozeanischer Kunst. Ein dort publiziertes Foto der hier vorgestellten Figur aus Nukuoro wählte er als Vorlage für eine seiner Zeichnungen.

Schreitender Buddha
Thailand, Südostasien,
Sukhothai-Periode, 15. Jh.
Bronze; H 133 cm
Vermächtnis Wolfgang Kühns-Bernsau,
Düsseldorf, 1991; vormals Sammlung
Hans-Hasso von Veltheim-Ostrau
RJM 53163

Die linke Hand hat der Buddha im Gestus der Schutzgewährung erhoben, der rechte, überlange Arm hängt »wie ein Elefantenrüssel« locker herab. Die Darstellung orientiert sich nicht an realen anatomischen Vorbildern. Vielmehr haben die Bildhauer Thailands die in der Literatur geschilderten ›Schönheitsmerkmale‹ des Buddhas wortwörtlich genommen und so sein Bildnis aus idealisierten Einzelteilen komponiert.
Das Motiv des schreitenden Buddhas nimmt Bezug auf den Besuch des erleuchteten Buddhas im Tavatimsa-Himmel, wo er seiner Mutter und den dortigen Göttern predigte. Anschließend kehrte der Buddha über eine Treppe zurück in die irdische Welt. Der Typus des herabsteigenden Buddhas wurde nur in Thailand plastisch gestaltet.

Skulpturen *minsereh*
Mende, Sierra Leone, Westafrika, 19. Jh.
Holz; H 104,5 cm, H 93,5 cm
Schenkung J. N. Heidemann, Köln, 1906;
vormals W. O. Oldman, London und
Sammlung T. J. Alldridge, London
RJM 18066, 18067

Die beiden Skulpturen stammen aus dem Besitz des Yassi-Bundes, einer Geheimgesellschaft der Mende. Man vermutet, dass sie bei Konsultationen von Wahrsagerinnen mit ausgestreckten Armen gehalten wurden. Neigte sich die Figur der Wahrsagerin zu, galt das als Zustimmung, etwa auf Fragen nach Krankheitsursachen. Die feinen Frisuren und Narbenritzungen sind Attribute des weiblichen Schönheitsideals. Die Halswülste werden in einer der zahlreichen Deutungen als Insektenlarve interpretiert, das heißt als Zeichen für Wiedergeburt und damit für Initiation.

Frauen eines Chiefs
Mende, Sierra Leone, Westafrika, Ende 19. Jh.

Figur *uli*
Nördliches Mittelneuirland, Melanesien, Ozeanien, um 1910
Holz, Verschlussdeckel der Turbo-petholatus-Schnecke, Farbe; H 124 cm
Ankauf Klaus Clausmeyer, Düsseldorf, 1966; vormals Ludwig Bretschneider, München; Museum für Völkerkunde München; Sammlung Franz Boluminski
Restauriert mit Mitteln der Börner-Stiftung, Köln
RJM 48239

Uli-Figuren wurden bei großen Totenfeiern im nördlichen Mittelneuirland in kleinen Schauhütten präsentiert. Ihre Bedeutung ist umstritten. Teils interpretiert man sie als Darstellung verstorbener Klanführer, teils als Bildnis mythischer Zwitterwesen. Auffallend ist ihre Doppelgeschlechtlichkeit. Möglicherweise verkörpern die Figuren zugleich Virilität und nährende Fürsorge, Eigenschaften, über die ein Oberhaupt verfügen sollte. Frauen war der Anblick der Figuren strikt untersagt. Manche Handlungen während des monatelangen Totenfestzyklus scheinen mit Fruchtbarkeitsvorstellungen assoziiert zu sein, worauf zum Beispiel die rituelle Bestattung menschlicher Schädel und deren Bepflanzung mit Setzlingen bestimmter Pflanzen hindeutet. Dafür spricht auch, dass sich bei manchen der Skulpturen eine kleine Figur vor dem Bauch, neben den Beinen oder auf den Schultern befindet. Der *uli*-Kult wurde bereits in der ersten Hälfte des 20. Jahrhunderts aufgegeben.

Die streng und stämmig wirkenden Figuren mit ihren ausdrucksstarken Augen, die aus den Verschlussdeckeln der Meeresschnecke Turbo petholatus gefertigt wurden, erregten bald nach ihrer Entdeckung durch die Europäer Anfang des 20. Jahrhunderts die Aufmerksamkeit von Sammlern und Künstlern. Der surrealistische Dichter André Breton (1896–1966) widmete dem *uli* 1948 eigens ein Gedicht, und der Kunsthistoriker Eckart von Sydow urteilte 1921: »Man trage nur irgend einen ›Uli‹ in die Ausstellung einer modernen Plastikschau und man wird sehen, wie die südseeländische Kunst ihre europäische Nebenbuhlerin niederwirft.«[5] Bis heute zählen die *uli* zu den eindrucksvollsten Werken melanesischer Kunst.

***Uli*-Figur in einer Schauhütte**
Madak/Lamasong-Region, Neuirland, Ozeanien, ca. 1907–1909

Aufsatzmaske *magbo*
Yoruba, Nigeria, Westafrika, 19. Jh.
Holz, Farbe, Textil, Pailletten, Metall; H 62,5 cm
Tausch Museum für Völkerkunde, Berlin, 1937; vormals Sammlung Consul Schmidt
RJM 40546

Im Jahr 1898 erhielt das Berliner Museum für Völkerkunde von seinem Förderer Consul Schmidt eine Maske der Yoruba zum Geschenk, die im Rahmen einer umfangreichen Tauschaktion 1937 in das Rautenstrauch-Joest-Museum gelangte. Der Wert dieses einzigartigen Objektes wurde in Berlin und lange Zeit auch in Köln nicht erkannt, da kaum vergleichbare Stücke in europäischen Sammlungen oder Museen vorhanden waren und die ursprüngliche Funktion der Maske unklar blieb. Neben der ungewöhnlichen Fülle der Einzelelemente unterstreichen die verwendeten importierten und deshalb besonders wertvollen Schmuckelemente, wie schwarzer und grüner Samt oder Goldpailletten, die herausragende Bedeutung dieser Aufsatzmaske. Durch die kriegsbedingte Auslagerung und aufgrund der Schäden jahrelanger provisorischer Magazinierung musste die Maske vollständig restauriert werden, bevor sie 1978 in Köln erstmals der Öffentlichkeit präsentiert werden konnte.
Ein Würdenträger zu Pferd überragt das Figurenensemble oberhalb der Maske. Seinen Kopf krönt eine Vogelfigur, ein Machtsymbol der Yoruba-Herrscher. Ihn umgeben Schirmträger, Musikanten, Frauen und Personen mit Waffen oder Gefäßen. Einige Figuren könnten Priester darstellen. Sie halten Rundbögen in ihren Händen – möglicherweise Schlangen, ein Attribut vieler Götter.
Magbo-Masken werden bei alljährlichen Festen einer geheimen Männergesellschaft der Yoruba getragen, die sich bis heute um die traditionelle Rechtsprechung kümmert. Bis in die 1960er Jahre war ihr Auftritt geheim.

Stele
Piedras Negras, Guatemala, Mesoamerika,
Maya, Spätklassik, 662 n. Chr.
Kalkstein; H 135 cm
Schenkung Peter und Irene Ludwig,
Aachen, 2003
RJM 60333

Das obere Vorderteil der Stele zeigt den Maya-Herrscher K'an-Ahk von Piedras Negras – einem Ort, der möglicherweise einst Yokib genannt wurde. Er ist mit Lanze und Schild als Krieger dargestellt. Die zwei Hieroglyphen rechts von ihm gehören zu dem Namen einer sitzenden Frau, einer Gefangenen. Diese war auf der bis heute verschollenen unteren Hälfte der Stele abgebildet, die Teobert Maler, der Entdecker der Stätte Piedras Negras, Ende des 19. Jahrhunderts noch in ihrem vollständigen Zustand fotografieren konnte.
K'an-Ahk bestieg im Alter von knapp 14 Jahren den Thron von Piedras Negras, einer Stadt am Usumacinta-Fluss, der die heutige Grenze zwischen Guatemala und Mexiko bildet. Der Herrscher führte, wie viele andere seiner Zeit, zahlreiche Kriege gegen benachbarte Städte, um seine Macht zu festigen und auszudehnen. Die Stele lässt sich den hieroglyphischen Inschriften auf den einstigen Seitenteilen zufolge auf das Jahr 662 n. Chr. datieren. Bei den Maya waren solche Stelen Zeitmarken, auf denen die wichtigsten Ereignisse im Leben eines Herrschers verzeichnet wurden. Sie wurden üblicherweise alle 1 800 Tage errichtet. Auf den aus Piedras Negras stammenden Stelen wurden vor allem Szenen dargestellt, die Krieger zeigen oder in Zusammenhang mit der Inthronisation stehen. Die Gefangennahme der dargestellten Frau muss daher für K'an Ahk von großer Bedeutung gewesen sein.

»Stele 35«
Piedras Negras, El Petén,
Guatemala, Mesoamerika, vor 1901

Skulptur eines Notabeln *lefem*
Werk von Ateu Atsa, Bangwa, Kamerun, Westafrika, 19. Jh.
Holz; H 72 cm
Ankauf Klaus Clausmeyer, Düsseldorf, 1966; vormals Städtisches Museum Braunschweig
RJM 48796

Die Figuren der Bangwa stellen Würdenträger mit ihren Statussymbolen dar, wie etwa Tabakspfeifen. Die Bildwerke wurden bereits zu Lebzeiten eines Notabeln geschnitzt und konnten ihn in seiner Abwesenheit symbolisch vertreten. Leitende Mitglieder eines aristokratischen Bundes bewahrten die Skulpturen nach dem Tod der dargestellten Person an schwer zugänglichen Orten auf und ließen sie ständig bewachen. Nur Mitgliedern der Familie war ihr Anblick erlaubt.

Gedenkfiguren vor dem Königspalast
Batoufam, Kamerun, Westafrika, 1996

Skulptur
Dogon, Tintam-Region, Mali, Westafrika, 15.–17. Jh.
Holz; H 120 cm
Ankauf Klaus Clausmeyer, Düsseldorf, 1966
RJM 48587

Durch ihre alten Holzkunstwerke wurden die Dogon in den 1930er Jahren weltbekannt. Typisch für den Tintam-Stil – so genannt nach dem wichtigsten Fundort – sind die über ein Meter hohen männlichen und weiblichen Figuren mit in die Höhe gestreckten Armen. Über ihre Bedeutung weiß man wenig: Wurden die erhobenen Arme früher als Bitte um Regen gedeutet, interpretiert man sie heute als Trauerhaltung wichtiger Ahnen. Obwohl die Dogon im 15. und 16. Jahrhundert in einem schwer zugänglichen Hochplateau Schutz vor Versklavung und Islamisierung durch Mossi-Reiterheere aus dem Süden und Songhai-Gruppen aus dem Norden suchten, ist der Einfluss der neuen Religion an dem islamischen Amulett erkennbar, das die Skulptur um den Hals trägt.
Eine C^{14}-Analyse datiert die Skulptur in die Zeit von 1443–1635; sie ist das älteste Objekt aus dem Gebiet südlich der Sahara in der Sammlung des Rautenstrauch-Joest-Museums. Das hohe Alter ist vor allem der Verwendung von sehr hartem, insektenresistentem Holz zu verdanken und der trockenen, ungestörten Lagerung in einer der Höhlen des Dogon-Plateaus.

Reliquiarwächter
Kota, Gabun, Zentralafrika, 19./20. Jh.
Holz, Kupfer, Messing; H 59,5 cm
Ankauf Klaus Clausmeyer, Düsseldorf, 1966
RJM 48901

Der Ahnenkult spielt bei den Kota eine große Rolle. Die aus Holz gefertigten und mit Kupfer und Messing beschlagenen Skulpturen dienten als Wächter von Körben, in denen neben Ahnenschädeln und anderen Reliquien auch Armreifen, Glasperlen und Medizin in Form von Tierrelikten aufbewahrt wurden. Die Skulptur stellt einen stilisierten Kopf dar, der beschlagene Teil der Raute die Schultern. Der nicht beschlagene Teil der Raute steckte in einem Korb, welcher als Körper der Skulptur interpretiert wurde.

Tanzpaddel *rapa*
Osterinsel, Polynesien, Ozeanien, 18./frühes 19. Jh.
Holz; H 87 cm
Ankauf J. F. G. Umlauff, Hamburg, 1915
RJM 32602

Die in Form eines Doppelpaddels gestaltete Tanzhandhabe verkörpert eine stark stilisierte menschliche Figur: Der schmale Grat auf dem oberen Paddelblatt deutet Nase und Augenbögen eines Gesichtes an, die kugelartigen Gebilde am Ende der Bögen stellen Ohrpflöcke dar.
Tanzpaddel wurden vom Tänzer in der Mitte gefasst und rhythmisch herumgewirbelt. Den spärlichen Überlieferungen nach gelangten sie bei verschiedenen Anlässen zum Einsatz, bei Feiern ebenso wie beim Schadenzauber gegen Feinde.

Bogenhalter *lupanda*
Luba, Demokratische Republik Kongo,
Zentralafrika, 19. Jh.
Holz, Eisen, Glasperlen; H 103 cm
Schenkung Carl Joest, Sechtem, 1905;
vormals Sammlung Leo Frobenius
RJM 16364

Die Luba bilden in der Demokratischen Republik Kongo die größte kulturelle Einheit. Das frühe Luba-Reich bestand aus einer militärischen Konföderation vieler kleinerer politischer Einheiten mit einem sakralen König an der Spitze. An dessen Hof und im Umfeld der Würdenträger entwickelte sich die großartige Schnitzkunst, wie sie sich in diesem zierlichen Kunstwerk darstellt.
Der Bogenhalter war Machtsymbol der königlichen Familie und erinnert an den Reichsgründer Mbidi Kiluwe, einen berühmten Jäger und Schmied. Das Objekt diente nicht nur zur Waffenablage, sondern den Interpreten der Luba-Geschichte auch als Hilfsmittel zur Erinnerung an die Ursprünge des Königtums, an dessen Gründung den Überlieferungen zufolge Frauen einen entscheidenden Anteil hatten.
Die Skulptur verkörpert eine bekannte Frau aus der Geschichte der Luba oder den König selbst, der sich nach seinem Tod in einer Frau reinkarnierte. Aufgrund ihrer Fähigkeit, Kinder zu gebären, galten nur Frauen als stark genug, die spirituellen königlichen Kräfte körperlich zu ertragen.
Frisur und Schmucknarben der Skulptur zeigen den sozialen Rang und die historische Bedeutung einer verstorbenen Person. Für die Luba war die korrekte Wiedergabe ihrer idealisierten ästhetischen Vorstellungen sehr wichtig, da für sie physische und moralische Vollkommenheit eine Einheit bildeten. Frauen ohne Narbenschmuck und ohne spitz zugeschlagene oder gefeilte Zähne galten als unreif und nicht heiratsfähig.

Statue einer Gottheit
Emroin, Babar, Babar-Archipel, Indonesien, Südostasien, 19. Jh.
Holz, Pflanzenfaser, Schneckenschale; H 205 cm
Ankauf 1924, Sammlung Wilhelm Müller, Berlin; vor Ort von ihm 1913 erworben
RJM 36532

Auf einem hohen Pfahl – Symbol des Phallus – thronend, wurde der männliche Himmelsgott Lamiaha früher im Zentrum des Dorfes Emroin auf einem aus Steinen errichteten Altar – Symbol der Vulva – verehrt. Dargestellt ist die ›heilige Hochzeit‹ der dualen kosmischen Kräfte Himmel und Erde.
Der Berliner Ethnologe Wilhelm Müller konnte die eindrucksvolle Skulptur 1913 vor Ort erwerben; die Dorfbewohner hatten unter dem Einfluss protestantischer Missionare Anfang des 20. Jahrhunderts bereits mehrheitlich ihrem alten Glauben entsagt.
Während des *porka*-Rituals vollzogen die Dorfbewohner die ›heilige Hochzeit‹ rituell nach. Es wurden Tänze aufgeführt, bei denen die Männer im Schmuck der Kopfjäger auftraten. Die in ein komplexes Weltbild eingebettete Sitte der Kopfjagd war früher bei vielen Völkern im Malaiischen Archipel verbreitet. Es ging dabei nicht vornehmlich um das Töten, vielmehr hatte jede Kopftrophäe für die Verwandtschaftsgruppe des erfolgreichen Kriegers existenzielle Bedeutung: Ein junger Mann durfte erst heiraten, nachdem er einen Kopf erbeutet hatte. Tod und Leben wurden als komplementär angesehen, dennoch galt die Macht des Mannes, Leben zu nehmen, mehr als die der Frau, Leben zu schenken. Ohne den Leben vernichtenden Beitrag ihrer Männer konnten die Frauen keine Kinder gebären. So verdankte sich letztlich alles Leben der rituellen Macht des Mannes.

Götterfigur
Emroin, Babar, Babar-Archipel, Indonesien, Südostasien, 1912/1913

Figur
Vermutlich Jaina, Campeche, Mexiko,
Mesoamerika, Maya, Spätklassik,
600–900 n. Chr.
Ton, Farbe; H 27 cm
Schenkung Peter und Irene Ludwig,
Aachen, 2003
RJM 60340

Die außergewöhnliche Figur repräsentiert wahrscheinlich einen adligen Gefangenen. Die Darstellung könnte sich auf ein Opferritual beziehen, über das der Franziskaner Diego de Landa im 16. Jahrhundert berichtete. Landas Schilderung zufolge wurde das Opfer blau bemalt, mit einem Kopfputz versehen und an einen langen Pfahl gebunden. Anschließend töteten die Festteilnehmer den Gefangenen mit Pfeilen. Nach der Entnahme des Herzens wurde der Leichnam gehäutet. Es ist allerdings nicht bekannt, anlässlich welchen Festes die Opferung ausgeführt wurde.
Die Figur des Gefesselten ist mit einem Lendenschurz und einem dreiteiligen Brustschmuck versehen, der bei Götter- oder Herrscherporträts vorkommt. Vermutlich trug sie auch einen abnehmbaren Kopfschmuck. Das einst blau bemalte Gesicht zieren ein Nasenaufsatz und ein bei den Maya damals selten anzutreffender Bart. Die Narbentatauierung und Stilistik weisen darauf hin, dass die handmodellierte Figurine möglicherweise von der nordwestlich Yucatáns gelegenen Insel Jaina stammt, die für ihre zahlreichen figürlichen Grabfunde berühmt ist.

Männliche Figuren
Margnitsch, Ramu-Mündung, Neuguinea, Ozeanien, Ende 19. Jh.
Holz, Farbe; H 17,5 cm, H 19,5 cm
Ankauf Georg Küppers-Loosen, Köln, 1905; vormals Hans Rodatz, Politzig
RJM 15969, 15968

Von der Nordküste Neuguineas sind Hunderte dieser kleinen Skulpturen bekannt, die sowohl für den eigenen Bedarf geschnitzt als auch gehandelt wurden. Berichten zufolge verkörperten manche von ihnen Geistwesen, andere wiederum sollten an Verstorbene erinnern. Die Figuren wurden in Kult- und Wohnhäusern aufbewahrt, kleine Exemplare als Zierelemente an Taschen und Körben befestigt.

Figuren *minkisi minkondi*
Kongo, Demokratische Republik Kongo,
Zentralafrika, Anfang 20. Jh.
Holz, Eisen, Textil, Glas, Pflanzenfasern;
H 73 cm, H 73,5 cm
Ankauf Klaus Clausmeyer, Düsseldorf, 1966
RJM 48923, 48922

Sogenannte Nagelfetische wurden bis in die 1970er Jahre angefertigt. Ihre Besitzer brachten geheime Substanzen in den Bauch oder Kopf der Figuren ein, durch die man heilen und schützen, aber auch Schadenzauber bewirken konnte. Die magische Wirkung wurde durch das Einschlagen eines Nagels oder durch das Anbringen von Gegenständen des Ratsuchenden aktiviert.
Da das Gebiet der Kongo bereits Ende des 15. Jahrhunderts christianisiert wurde, ist die These denkbar, die Skulpturen seien durch christliche Kreuzigungsdarstellungen beeinflusst.

***Nkisi*-Figuren**
Kongo, Demokratische Republik Kongo,
Zentralafrika, 1902

Figürlicher Kopfaufsatz *sisiu*
Sulka, östliches Neubritannien,
Bismarckarchipel, Ozeanien, um 1910
Holz, Pflanzenmark und -rohr,
Pflanzenfasern, Farbe; H 142 cm
Schenkung E. B. Berghausen,
Friedrich-Wilhelmshafen, Neuguinea, 1912
RJM 27228

Der aus feinen Pflanzenmarkwülsten gefertigte und ursprünglich in einem kräftigen Zinnoberrot leuchtende Kopfaufsatz der Sulka war Teil eines Tanzkostüms aus Blattwerk, das den Körper des Tänzers vollständig umhüllte. Die Sulka in Neubritannien kennen verschiedene Formen von Tanzaufsätzen, die anlässlich der Initiation der Knaben verwendet werden. Ihre Anfertigung erfolgt unter Ausschluss von Frauen, Mädchen und nicht initiierten Jungen in Hütten außerhalb des Dorfes. Die Tanzaufsätze werden unter Beachtung besonderer Verhaltensregeln wie sexueller Enthaltsamkeit und Meidung bestimmter Nahrungsmittel und unter Anwendung magischer Praktiken hergestellt. Damit soll gewährleistet werden, dass ihre Kraft zur Geltung kommt und sie ihre emotionale Wirkung auf die Zuschauer nicht verfehlen. Eine Verletzung der vorgeschriebenen Gebote lässt nach Meinung der Männer das Werk missraten und kann im schlimmsten Fall gar Missbildungen bei Neugeborenen oder Krankheiten hervorrufen.
Begleitet von Trommelschlägen und vom Singen und Klatschen der Zuschauer erscheinen am Tage der Feier die kostümierten Tänzer auf dem Dorfplatz. Rhythmisch stampfend und mit schwingenden Blättergewändern begeistern sie für eine Weile die Zuschauer, bevor sie wieder im Busch verschwinden. Der durch das Kostüm beim Tanz erzeugten Luftbewegung schreiben die Sulka einen positiven Einfluss auf das kindliche Wachstum zu. Heutzutage finden die Auftritte auch zu offiziellen Anlässen wie der Einweihung einer Kirche oder auf Kunstfestivals statt.

Ahnenaltar *lan matabu*
Selaru, Tanimbar-Archipel, Ostindonesien, Südostasien, 19. Jh.
Holz; H 130 cm
Ankauf 1924, Sammlung Wilhelm Müller, Berlin; vor Ort von ihm 1913/1914 erworben
RJM 37080

Der Altar bildete einst die Lehne einer Sitzbank im Zentrum des traditionellen Wohnhauses einer hochrangigen Familie. Auf ihr nahm der Älteste Kontakt zu seinen Ahnen auf. Darüber befand sich ein Querbalken, auf dem die Wirbelknochen und Schädel und oft auch kleine Holzstatuetten der Vorfahren aufbewahrt wurden.
Die anthropomorphe Gestalt des Altars verweist auf die Verbindung zwischen den Menschen und der höchsten Gottheit, die alles Leben schuf. Die dargestellten Mischwesen repräsentieren Urahnen aus mythischen Zeiten.
Auf den Inseln des Tanimbar-Archipels existieren solche Ahnenaltäre schon lange nicht mehr. 26 Exemplare haben sich jedoch in Museumssammlungen in Deutschland und den USA erhalten.

Opfergestell mit Ahnenfigur *luli*
Luhuleli, Leti, Ostindonesien,
Südostasien, 19. Jh.
Holz; H 103 cm
Ankauf 1924,
Sammlung Wilhelm Müller, Berlin;
vor Ort von ihm 1912 erworben
RJM 36614

Hu-rainna Hu-tualinna heißt die dargestellte Gründerahnin der Verwandtschaftsgruppe Halupnu. Bis vor etwa einhundert Jahren wurden ihr auf ihrem Altar im Zentrum des Dorfes Luhuleli von ihrer Nachkommenschaft Opfer dargebracht.
Auf der Insel Leti folgt die Abstammung der mütterlichen Linie: Der Verbindung der Urmutter mit einem in mythischen Zeiten zugereisten Fremden entsprang einst das Menschengeschlecht. Die Gründerahnin verkörpert das weibliche Prinzip und die Fruchtbarkeit des Kosmos.
Der Ahnenaltar – eines der eindrucksvollsten Werke künstlerischer Schaffenskraft aus Ostindonesien in westlichen Museumssammlungen – gelangte 1924 zusammen mit einer großen Anzahl ethnografischer Objekte aus den südlichen Molukken in das Rautenstrauch-Joest-Museum. Er war im Sommer 1912 von dem 1881 in Wismar geborenen Berliner Ethnologen Wilhelm Müller während einer zweijährigen Forschungsreise durch die seinerzeit noch kaum bekannte Inselwelt Ostindonesiens erworben worden. Müller verzeichnete akribisch die einheimischen Bezeichnungen, Herkunftsorte und Funktionen all seiner Erwerbungen, denn um seine Reise finanzieren zu können, legte er Sammlungen im Auftrag mehrerer deutscher Völkerkundemuseen an. Der Forscher starb 1916 auf Java an den Folgen einer Typhuserkrankung.

Ahnenfigur *adu siraha salawa*
Nordnias, Indonesien, Südostasien,
Ende 19. Jh.
Holz, Farbe; H 75 cm
Ankauf Klaus Clausmeyer, Düsseldorf, 1965;
vormals vermutlich Vereinigte Evangelische
Mission Wuppertal-Barmen
RJM 48078

Die eindrucksvollen Abbilder von Gründerahnen aus mythischer Vorzeit standen auf der Insel Nias früher als Schutzpatrone vor den hohen Mittelpfosten der großen Wohnhäuser adliger Familien und Dorfoberhäupter. Ihre regionalspezifische Ikonografie war eindeutig festgelegt. Der Hocker weist den darauf Platzierten als Mann vornehmer Herkunft aus. Auch die elaborierte Krone, der schwere goldene Ohr- und Armschmuck sowie der aus Golddrähten gearbeitete Halsreif galten als hohe Rangabzeichen.
Gold war den Bewohnern der Insel Nias heilig. Das edle Metall galt als Gabe der Götter, der magische Kräfte innewohnten. Mit diesen wussten nur die Schmiede als Mittler zwischen den Welten und die höchsten Titelträger des Adels umzugehen, da sie über eine lange Kette herausragender Ahnen eng mit den Göttern verbunden waren. Nachweislich seit dem 17. Jahrhundert wurde Goldstaub aus Sumatra gegen Sklaven eingetauscht. Als Folge des Verbots der Sklaverei seitens der niederländischen Kolonialregierung verarmte der Adel auf Nias, die Goldschmuckproduktion wurde eingestellt, die symbolische Bedeutung des Edelmetalls ging verloren, und der wertvolle Erbschmuck wurde veräußert.

Oberhaupt des Dorfes Tabelóho
Nordnias, Indonesien, Südostasien, 1886

Skulpturen *okifa*
Mbole, Demokratische Republik Kongo, Zentralafrika, Ende 19. Jh.
Holz, Farbe; H 75 cm, H 77 cm
Ankauf Hauptmann Woerner, Köln, 1910
RJM 25716, 25717

Die Figuren üben eine Erziehungsfunktion innerhalb eines Geheimbundes der Mbole aus: Sie repräsentieren Gehängte und führen den Initianden vor Augen, was ihnen bei Regelverletzungen droht. Die sieben- bis zwölfjährigen Jungen leben mehrere Wochen im Wald in provisorischen Hütten und müssen harte Entbehrungen ertragen.
Die Figuren werden an unzugänglichen Orten aufbewahrt und vor Nichtinitiierten und Frauen verborgen. Ihre genaue Funktion bleibt unergründet, da bis heute Geheimhaltung gilt.

Männer mit *okifa*-Figuren
Demokratische Republik Kongo, Zentralafrika, vor 1929

Figur eines weiblichen Klangeistes
Abelam, Südliches Maprikgebiet, Neuguinea, Ozeanien, um 1950
Holz, Farbe; H 179 cm
Ankauf Klaus Clausmeyer, Düsseldorf, 1966
RJM 48346

Farbe – insbesondere Rot – gilt den Abelam als magische Substanz, die den geschnitzten Skulpturen zum Leben verhilft. Die Figur mit dem hohen, spitz zulaufenden Kopfaufsatz und dem aufgemalten Körperschmuck stellt einen wirkmächtigen Klangeist dar, der zu zeremoniellen Anlässen, insbesondere Initiationen, herbeigerufen wird. In einem bestimmten Stadium der Reifefeiern, die jeder männliche Abelam im Laufe seines Lebens durchläuft, wird die Figur den Initianden zum ersten Mal präsentiert.

Initiationskammer der Abelam
Numbunggai, Wosera, Papua-Neuguinea, Ozeanien, 1955/56

Lebensräume
Lebensformen

Asmat

Wohnen

Die Wohnstätte bildet den räumlichen Lebensmittelpunkt eines Menschen und vermittelt ihm ein Zugehörigkeitsgefühl, das seine Persönlichkeit entscheidend prägt. Überall haben Menschen passend zu ihrer natürlichen und sozialen Umwelt eigene Wohnformen entwickelt.

»My home is my castle« – Wohnen ist ein zentraler Bestandteil der eigenen Identität: Eine Behausung wird erst durch das Zusammenspiel von Raum, Mensch und Objekten zu einem Heim. In vielen Gemeinschaften leben mehrere Generationen unter einem Dach, in einigen wohnen Männer und Frauen getrennt. Manche Gesellschaften bauen wehrhafte Trutzburgen, andere führen ein mobiles Leben. Meist gibt es Zugangsregelungen für Fremde und eine mehr oder weniger strikte Trennung zwischen öffentlichem und privatem Raum.

»Deutschlands häufigstes Wohnzimmer«, 2009

Die Art zu wohnen differiert nicht nur von Kultur zu Kultur, auch innerhalb einer Gesellschaft wohnen Menschen ganz unterschiedlich und individuell: In Deutschland gibt es neben der ›typischen‹ Kleinfamilienwohnung Wohngemeinschaften, man lebt in Altbauten, Reihenhäusern, Plattenbausiedlungen oder Villenvierteln – nüchtern eingerichtete Designerwohnungen finden sich ebenso wie auf Gemütlichkeit ausgerichtete Wohnungen in Eiche rustikal.

Die Art, wie wir wohnen, zeigt nicht nur unsere persönlichen Vorlieben, sie ist auch Ergebnis der geschichtlichen Entwicklung unserer Gesellschaft, der Ausdifferenzierung von Privatsphäre, des sich wandelnden Verhältnisses zwischen Generationen und zwischen Geschlechtern. In vielen Kulturen gilt das Heim als privater Bereich, den man nur mit nahestehenden Personen, zumeist der Familie, teilt. Hier geht man Tätigkeiten nach, die als nicht für die Öffentlichkeit bestimmt betrachtet werden, wie Schlafen und Körperpflege. In Deutschland wurde dieses Ideal des privaten Heims in der Zeit des Biedermeiers geprägt, als zu Beginn des 19. Jahrhunderts aufgrund der fortschreitenden Industrialisierung der Arbeitsplatz aus dem häuslichen Bereich ausgegliedert wurde. Damit avancierte die Wohnung zum Rückzugsbereich der bürgerlichen Familie – in Abgrenzung zum öffentlichen und zum Arbeitsraum.

»Der Künstler und seine Familie«,
Friedrich Wilhelm Doppelmayr,
Deutschland, 1831
Aquarell, Feder und Pinsel; B 51,3 cm

Ab Mitte des 19. Jahrhunderts setzte der Historismus auf einen repräsentativen Wohnstil. Im Großbürgertum jener Zeit hatten Menschen, die nicht zum Haushalt gehörten, nur Zugang zu ganz bestimmten Räumen: Der besonderen Gelegenheiten vorbehaltene Salon diente dem Empfang vornehmer Gäste, das Herrenzimmer dem geselligen Zusammensein der Männer. Die Familie hielt sich ansonsten üblicherweise in der Wohnstube auf. Das Elternschlafzimmer war teilweise selbst für die Kinder des Haushaltes tabu.

Eine besonders ausgeprägte Hierarchie der Trennung von öffentlichen und privaten Wohnbereichen findet sich bis heute in vielen islamischen Ländern. In der Türkei des 19. Jahrhunderts gab es in den Häusern der gehobenen Schichten eigene Räume, in denen Gäste nach Geschlechtern getrennt empfangen wurden, während ein Großteil des Hauses gar nicht für Außenstehende zugänglich war. Auf getrennte Lebenssphären der Geschlechter verweisen auch die melanesischen Männerhäuser, zu denen Frauen nur in Ausnahmefällen Zutritt haben. Bei den Asmat in Westneuguinea bilden die Männerhäuser bis heute das spirituelle Zentrum der Klane. Das Familienleben spielt sich für beide Geschlechter in den Familienhäusern ab.

In Europa bildete die Familie über Jahrhunderte die zentrale Lebens- und Wohngemeinschaft – doch mit Beginn der industriellen Revolution begannen immer mehr Menschen, sich aus Kostengründen eine Wohnung mit Nicht-Verwandten zu teilen. Ein berühmtes literarisches Beispiel ist die ursprünglich reine ›Zweck-WG‹ von Meisterdetektiv Sherlock Holmes und dessen Assistenten Dr. Watson, die Sir Arthur Conan Doyle Ende des 19. Jahrhunderts beschrieb. In Mode kam die WG jedoch erst in den 1960er Jahren – zunächst als provozierender Gegenentwurf junger Menschen zum bürgerlichen Leben ihrer Eltern, heute als weithin akzeptierte Wohnform, die längst nicht mehr nur von Studenten, sondern auch von Bankern, von Jungen und Alten in Mehrgenerationenhäusern gelebt wird. War es bis in die 1950er Jahre eher ungewöhnlich für eine alleinstehende Frau, sich eine Wohnung zu mieten – unverheiratete Frauen wohnten eher in Ledigenheimen –, so haben Frauen heute einen nicht geringen Anteil an den rund 15 Millionen Singlehaushalten. Diese bildeten im Jahr 2008 mit 38 Prozent die größte Gruppe der 39,1 Millionen privaten Haushalte in Deutschland. Heute leben in mehr als zwei Dritteln aller deutschen Privathaushalte keine Kinder unter 18 Jahren, und in nur einem Prozent der Haushalte wohnen mehr als zwei Generationen unter einem Dach – trotz der staatlichen Förderung generationenübergreifender Wohnprojekte.[1]

Die Tendenz zu kleineren Haushalten zeigt sich weltweit in vielen Gesellschaften, in denen das Zusammenleben mehrerer Generationen das traditionelle Wohnmodell war, etwa bei den Blackfoot in den nordamerikanischen Plains, wo man sich zusammenschloss, um Arbeitskraft zu bündeln, sich die Kindererziehung zu teilen oder um sich im Falle eines Angriffs besser verteidigen zu können.

Neben sozialen Faktoren bestimmt die Umwelt in hohem Maße die Art des Wohnens – feste Behausungen mit Zentralheizung und Doppelverglasung in Nord- und Mitteleuropa zollen den strengen Wintern Tribut, während andernorts eher mobile Lebensweisen bevorzugt werden, die einer kargen Umwelt geschuldet sind. So ziehen die Tuareg in Nordafrika traditionell in bestimmten Zyklen und Regionen umher, um in der Trockenzeit genügend Futter für das Vieh zu finden, und auch für die Handelskarawanen der Tuareg-Männer quer durch die Sahara ist die mobile Wohnstatt günstig. Doch der stete Wandel von Gesellschaften zeigt sich auch hier: Dürren und Bürgerkriege haben dazu geführt, dass heute nicht einmal mehr ein Drittel der Tuareg als Nomaden in Zelten lebt.

Wohnformen sind wie alle kulturellen Errungenschaften stetigen Veränderungen unterworfen und repräsentieren zeitgebundene Erscheinungsformen: So kann ein Salon aufgrund seiner Möblierung eindeutig einem europäischen bürgerlichen Haushalt des 19. Jahrhunderts zugewiesen werden, ebenso wie ein Tipi aufgrund seines Materials und der auf ihm abgebildeten Symbole einer bestimmten indigenen Gruppe Nordamerikas sowie einer bestimmten Zeitepoche zugeordnet werden kann. Gängige Formen von landestypischer Architektur entpuppen sich zumeist als Klischees: Seien es die immer wieder mit dem ganzen afrikanischen Kontinent verbundenen Lehmhüttendörfer oder die auf Schlösser und Fachwerkbauten reduzierte Präsentation ›deutscher Wohnkultur‹ in japanischen und US-amerikanischen Freizeitparks.

Kulturen befinden sich seit jeher im Austausch, seit dem 20. Jahrhundert führt die zunehmende Globalisierung zu einer immer stärkeren Vernetzung der Welt. Eine wichtige Rolle spielen dabei Migrantinnen und Migranten – in Köln hatten 2008 fast ein Drittel aller Einwohner einen Migrationshintergrund. Diese transnationalen oder Diasporagemeinschaften sind aufgrund immer besser und günstiger werdender Transport- und Kommunikationsmöglichkeiten enger mit ihren Heimatkulturen verbunden als je zuvor. Im Jahr 2003 beliefen sich die

Deutsches Dorf im Little World Museum of Man, Inuyama, Japan, Ostasien, um 2000

Afrika im Phantasialand, Brühl, Deutschland, 2009

Tondo, der ärmste Distrikt Manilas, Philippinen, Südostasien, 2007

Rücküberweisungen von Migranten in ihre Heimatländer auf 93 Milliarden Dollar weltweit, anderthalb mal soviel wie die weltweite offizielle Entwicklungshilfe.[2] Viele Migranten bauen sich mit einem Teil dieses Geldes ein Heim in ihren Herkunftsländern. Im westafrikanischen Ghana entstand in den letzen Jahren mit *housing video* ein eigenes Videogenre, in dem das Voranschreiten des Hausbaus für die in Übersee lebenden Besitzer dokumentiert wird.[3] Andererseits richten sich viele in der neuen Heimat auf altvertraute Weise ein, wie viele Wohnzimmer türkischer Migranten in Deutschland zeigen. Und manche nehmen ein Stück neue Heimat mit zurück in ihre alte: Im südkoreanischen Namhae entsteht ein ›deutsches‹ Dorf mit Walmdächern, Jägerzäunen und Gartenzwergen, gebaut von aus Deutschland zurückgekehrten koreanischen Migranten.[4]

Die meisten Menschen errichten ihr Heim selbst, nur fünf Prozent aller Wohnstätten weltweit werden von professionellen Architekten konstruiert. Im Eigenbau sind auch die meisten Häuser in den Slums errichtet. Auf der Suche nach Arbeit zieht eine zunehmende Anzahl von Menschen in die Städte und findet eine Bleibe in den urbanen Elendsvierteln, in denen die Mehrheit der Einwohner in unzumutbaren Unterkünften ohne grundlegende Versorgungseinrichtungen unter gesundheitsgefährdenden Umständen wohnt. Im Jahr 2003 lebte weltweit bereits eine Milliarde Menschen, das heißt fast jeder sechste Mensch, in einem Slum. Angesichts dieser Zahl hat Artikel 25 der 1948 verabschiedeten Allgemeinen Erklärung der Menschenrechte der UN bis heute nichts an Aktualität eingebüßt: »Jeder hat das Recht auf einen Lebensstandard, der seine und seiner Familie Gesundheit und Wohl gewährleistet, einschließlich Nahrung, Kleidung, Wohnung, ...«

Türkei – Der Empfang von Gästen

Wie und wo man zu Hause Gäste empfängt, richtet sich meist danach, ob Fremde oder Familienangehörige zu Besuch kommen. Welche Familienmitglieder beim Empfang von Gästen zugegen sind, wird durch soziale Rollen wie Alter und Geschlecht bestimmt.

In den Häusern der städtischen Oberschicht der Türkei waren die Lebensbereiche des Hausherrn einerseits und der Frauen und Kinder andererseits früher klar voneinander getrennt. Den Männern war der *selamlik* vorbehalten, wo sich auch der Empfangsraum für Gäste befand. Frauen und Kinder bewohnten den nach außen weitgehend abgeschlossenen *haremlik*. Die Räume waren mit umlaufenden Polsterbänken, Wandnischen, Einbauschränken und einigen Kleinmöbeln eingerichtet. Hinzu kamen Teppiche und Kissen. Im Laufe des 19. und 20. Jahrhunderts ist eine zunehmende Europäisierung des Lebensstils und der Einrichtung erkennbar.
Bei westlich orientierten Familien in den Großstädten wird die Trennung der Geschlechter heutzutage selbst bei fremden oder höhergestellten Gästen kaum noch beachtet. In den ländlichen Gebieten hingegen, wo viele Familien noch in stärkerem Maße alten Traditionen verpflichtet sind, findet dieser Brauch weiterhin Anwendung.

Istanbul, Empfangsraum im Palast der Ezma Sultan
Stahlstich nach Originalzeichnung von Thomas Allom, um 1850
H 20 cm
RJM 63709

Empfangsraum eines Hauses
Kayseri, Kappadokien, Türkei, Vorderer Orient, Anfang 19. Jh.
Restauriert mit Mitteln der Kulturförderung des Landschaftsverbandes Rheinland
RJM 54241

Empfangsraum – Repräsentation und Gastlichkeit

Die Wandtäfelung stammt aus dem Empfangszimmer eines Hauses, das einem wohlhabenden Kaufmann in Kayseri gehörte. Wahrscheinlich handelte es sich um eine Sommerresidenz, da kein Kamin vorhanden ist. Der Raum wurde über die zentrale Eingangshalle betreten und war für wichtige Gäste bestimmt. Die umlaufende Sitzbank bot Platz für viele Menschen. Auf transportablen kleinen Tischen wurden Getränke und Speisen angeboten. Der erhöhte Alkoven ist durch eine Bogen-Säulen-Konstruktion abgetrennt und wies ehemals eine prachtvolle Deckenrosette auf. In Wandnischen wurden ausgesuchte Keramiken und Metallobjekte zur Schau gestellt. Die Deckenkehlung, die mit imaginärer Landschaftsmalerei verziert war, ist nicht mehr vorhanden. Die Art der Ausschmückung ist, ebenso wie die Farbgebung der Täfelung in Zartrosa und Minzgrün, europäischem Geschmack des 18. Jahrhunderts verhaftet. Die Innenausstattung verbindet islamische Wohnkultur mit europäischen Stilelementen und verweist auf die kosmopolitische Ausrichtung des Hausherrn.

Islamische Metallobjekte
Türkei, Syrien, Ägypten, Vorderer Orient, 14.–16. Jh.
Vergoldetes und verzinntes Kupfer;
H 16 cm, H 33 cm, H 24 cm, H 41 cm, H 13 cm
Dauerleihgabe Max Freiherr von Oppenheim-Stiftung, Köln
DL 12, 22, 26, 27, 51

Gerätschaften wie Kannen, Weihrauchbrenner, Schüsseln oder Servierplatten aus Metall spielten zu Repräsentationszwecken eine wichtige Rolle bei der Bewirtung von Gästen. Vor, während und nach dem Essen reinigte man sich die Hände. Hierzu verwendete man bei Tisch Waschgarnituren, bestehend aus einer Kanne und einem Auffangbecken mit siebförmigem Einsatz.

Handtuch
Türkei, Vorderer Orient, 19. Jh.
Baumwolle, Seide, Metallfäden; L 124 cm
Dauerleihgabe Max Freiherr von Oppenheim-Stiftung, Köln
DL 619

Zum Abtrocknen der Hände wurden bei festlichen Anlässen fein bestickte Handtücher aus Leinen oder Baumwolle benutzt.

Wasserpfeife
Böhmen, Tschechische Republik,
Mitteleuropa, 19. Jh.
Glas, Metall; H 40 cm
Dauerleihgabe Max Freiherr von Oppenheim-Stiftung, Köln
DL 201

Rauchen und Kaffeetrinken sind in der Türkei eng mit Geselligkeit und Gastfreundschaft verbunden. Der Tabak erreichte Istanbul um 1700, und schon 1554 wurde dort das erste Kaffeehaus eröffnet. Zubereitung und Genuss von Tabak und Kaffee waren stark formalisiert. In wohlhabenden Haushalten gab es hierfür eigens ausgebildete Sklaven, die auch die Etikette des Servierens beherrschten. Porzellan- und Glaswaren aus China, Böhmen und Meißen waren Statussymbole.

Plains – Zusammenleben der Generationen

In vielen Kulturen der Welt leben mehr als zwei Generationen unter einem Dach. Bei den indigenen Völkern in den nordamerikanischen Plains ist die Beziehung zwischen den Familienangehörigen, vor allem zwischen Großeltern und Enkeln, besonders eng.

Heute leben mehr als 30 indigene Völker in den Plains, dem Steppengebiet von Kanada und den USA. In den nordwestlichen Plains sind die Blackfoot zu Hause. Jahrtausendelang führten sie ein nomadisches Leben. Gemeinschaftlicher und insbesondere familiärer Zusammenhalt waren wichtig für das Überleben: Die in Camps lebenden Familien schlossen sich anlässlich von Jagd, Krieg und Zeremonien zu größeren Gruppen zusammen. Nicht nur die Eltern, sondern auch die Großeltern, Onkel und Tanten bereiteten die Kinder frühzeitig auf ihre zukünftigen Aufgaben als Erwachsene vor.
Ende des 19. Jahrhunderts verschlechterten sich die Lebensbedingungen der indigenen Völker der Plains. Die Regierungen der USA und Kanadas zwangen sie, ihre nomadische Lebensweise aufzugeben und in Reservationen zu leben. Die Unterdrückung einer anfangs friedlichen Protestbewegung durch die amerikanische Regierung gipfelte 1890 im Massaker von Wounded Knee, bei dem etwa 300 Lakota von amerikanischen Soldaten getötet wurden. In den 1970er Jahren entstand erneut eine politische und kulturelle Bewegung. Sie führte dazu, dass inzwischen einige Gesetze die Situation der indigenen Bevölkerung verbessern, die Teilnahme an traditionellen Zeremonien zunimmt und an vielen Schulen mittlerweile Unterricht in indigenen Sprachen durchgeführt wird.

Ein Blackfoot mit Kind im Lager
Plains, Nordamerika, Anfang 20. Jh.

Tipi
Blackfoot, nördliche Plains, USA, Nordamerika, 1988
Leinwand, Farbe; D 380 cm
RJM 51786

Das Tipi – ein Raum für große Familien

Tipis sind ideal für Menschen, die mobil sein müssen: Sie können große Familien beherbergen und sind gleichzeitig schnell auf- und abzubauen.
Farbig bemalte Tipis sind relativ selten und von ganz besonderer Bedeutung. Die Muster der Bemalung können den Menschen als Geschenk in Träumen und Visionen von einem mächtigen Wesen wie dem Bison übermittelt und später durch Zeremonien von einem Besitzer auf den anderen übertragen werden. Im oberen Teil des Tipis sind Sterne dargestellt, im unteren Bereich die Erde. Der mittlere Teil zeigt den Bison, der wahrscheinlich das Motiv übermittelte.
Zu einem Tipi gehören spezielle Regeln: Der Eingang zeigt normalerweise zur aufgehenden Sonne nach Osten. Im Inneren hat jeder seinen eigenen Platz. Die linke Seite vom Eingang ist der Frauen-, die rechte der Männerbereich. Junge Besucher sitzen nahe des Eingangs. Schlafplätze und Sitzgelegenheiten sind am Rand des Tipis angebracht. An der Westseite befindet sich der Altar, auf dem getrocknete Pflanzen verbrannt werden, wenn zum Schöpfer gebetet wird.
Die Blackfoot leben heute in Häusern. Tipis werden nur noch zu speziellen Anlässen wie Zeremonien aufgeschlagen.

Kopfschmuck
Sioux, Plains, USA, Nordamerika,
2. Hälfte 19. Jh.
Federn, Leder, Glasperlen; H 67 cm
RJM 54205

Der Kopfschmuck im sogenannten Sioux-Stil hat leicht nach hinten gerichtete Federn. Ursprünglich allein von Sioux angefertigt, hat er sich über die Plains verbreitet, wobei regionale Varianten entstanden. Er wurde bei offiziellen Anlässen getragen und weist auf die hohe gesellschaftliche Stellung seines Trägers hin. Ehrenhafte Kriegstaten gaben das Recht, ihn zu tragen. Einer Erzählung der Blackfoot zufolge repräsentieren zwei versteckte kleine Federn in der Mitte des Schmucks ein Mädchen und einen Jungen, die von der Gemeinschaft – den größeren Federn – beschützt werden.

Blackfoot in Calgary
Kanada, Nordamerika, ca. 1930er Jahre

Mitglieder unterschiedlicher Gruppen innerhalb der Blackfoot-Gesellschaft haben eigene Kopfbedeckungen, die jedoch auch von benachbarten Völkern getragen werden können. Die beiden Kopfbedeckungen mit Federn wurden von den Sioux übernommen, während der Kopfschmuck mit den Hörnern dem traditionellen Stil der Blackfoot entspricht.

Amulett
Plains, USA, Nordamerika, 19. Jh.
Leder, Glasperlen, Blechhülsen; B 17 cm
RJM 22146

Viele Plains-Völker bewahren noch heute ein Stück Nabelschnur der Neugeborenen in einem kleinen Beutel auf. Dieser kann an der Kindertrage befestigt und später vom Kind um den Hals getragen werden. Als hoch geschätztes Amulett bezieht er sich auf die enge Bindung der Mutter zum Kind und hat schützende Kräfte. Die Form der Behälter ist geschlechtsspezifisch: Bei Mädchen hat dieser Beutel die Form einer Schildkröte, die häufig mit langem Leben, Schutz und Weisheit assoziiert wird. Amulette in Form von Eidechsen, auch ein Symbol für ein langes Leben, werden nur bei Jungen verwendet.

Fancy Dancer in Calgary
Kanada, Nordamerika, 2003

Ein Beispiel für die komplexe Mischung von Kontinuität und Wandel ist der Fancy Dance, der Anfang des 20. Jahrhunderts entstand und in Teilen auf dem heiligen Sun Dance und dem War Dance basiert. Wurde er früher bei Wild-West-Shows und in den Reservationen für Besucher aufgeführt, so wird er heute auch bei Powwows – Treffen mit zeremoniellem Charakter, die sich zunehmender Beliebtheit auch bei jungen Leuten erfreuen – getanzt. Inzwischen ist er bei so vielen indigenen Gruppen Nordamerikas verbreitet, dass er auch Pan-Indian Dance genannt wird. In ihm verbinden sich neue und alte Traditionen.

Tuareg – Leben in einer kargen Umwelt

Das Leben von Menschen wird stark von ihrer Umwelt geprägt. Klimatische Gegebenheiten, Wirtschaftsweise, geografische Besonderheiten, lokale Ressourcen und andere Faktoren beeinflussen die Lebensformen.

Die Tuareg – eine Berbergruppe in Nordafrika, mit Eigenbezeichnungen wie Kel Tamashek oder Imuhar – leben zumeist am Rande der Sahara in der sogenannten Sahelzone. Ihre Gesellschaft gliedert sich in Adelige, Hirten, Handwerker und ›Unfreie‹. Traditionell züchten sie Kamele, Ziegen und Schafe, die Fleisch, Milch, Fett und Leder liefern. Aufgrund der kargen Vegetation legen die Tuareg mit ihren Herden regelmäßig weite Strecken zurück, um genügend Futter zu finden. Der leichte Hausrat und das Zelt als Unterkunft entsprechen der mobilen Lebensweise der Nomaden.
Aufgrund politischer Unruhen und Hungerkrisen seit den 1970er Jahren lebt heute nicht einmal mehr ein Drittel der etwa eine Million Tuareg als Nomaden. Die Mehrheit hat sich in Dörfern angesiedelt oder ist in die Städte abgewandert.

Imuhar vor ihrem Zelt
Amassine, Südalgerien, Nordafrika, 2006

Zelt
Tuareg, Niger, Westafrika, 2. Hälfte 20. Jh.
Leder, Holz, Pflanzenfasern; B ca. 800 cm
Restauriert mit Mitteln des Landes Nordrhein-Westfalen und der Stadt Köln, 2008
RJM 51147

Das Zelt – ein transportables Heim

Die Mehrheit der Tuareg lebt heute nicht mehr in Zelten, sondern in Häusern. Auch nomadisch lebende Familien ziehen immer nur innerhalb eines bestimmten Territoriums weiter: Die Häufigkeit des Standortwechsels hängt vom Wetter, der Jahreszeit und dem Zustand der Weiden ab. Ein Zelt kann innerhalb von zwei Stunden abgebaut und der gesamte Haushalt auf zwei Eseln oder einem Kamel transportiert werden.

Die Zelte gehören den Frauen; sie werden von ihnen aus bis zu hundert Schaf- und Ziegenhäuten hergestellt und jedes Jahr mit roter Erde konserviert. Geflochtene Matten dienen als Windschutz. Frauen und kleinere Kinder bewohnen eine Seite des Zeltes, auf der auch Vorräte, Haushalts- und Wertgegenstände aufbewahrt werden. Männer wohnen auf der anderen Seite. Hier lagern unter anderem Geräte für die Viehzucht. Im Zentrum steht auf einem Holzständer die Schüssel für Milch, einem wichtigen Nahrungsmittel der Tuareg.

Turbanamulett
Tuareg, Westafrika, 20. Jh.
Silber; B 13 cm
RJM 63424

Der Schmuck der Tuareg dient nicht nur der Zierde und als transportable Kapitalanlage, sondern auch dem Schutz vor übernatürlichen Kräften. Bestimmte Symbole und die Art des Materials spielen dabei eine große Rolle: So symbolisiert die Dreiecksform etwa das Weibliche, und Silber gilt als reines, vom Propheten gesegnetes Metall. Kleine Lederbeutel und silberne Anhänger enthalten Koranverse oder magische Zahlen, wie die Zahl 5 zum Schutz vor dem ›bösen Blick‹. Als Amulette können sie am Hals, aber auch am Turban getragen werden.

Amulett
Tuareg, Westafrika, 20. Jh.
Silber, Kupfer, Leder; H 46,5 cm
RJM 63448

Tuareg mit Turbanamuletten
Agadez, Niger, Westafrika, 2002

Kleidersack der Frauen
Tuareg, Westafrika, 20. Jh.
Leder; H 115 cm
RJM 62987

Lederobjekte genießen hohe Wertschätzung bei den Tuareg. Neben Zeltplanen, Kissen, Sandalen und Kamelzubehör fertigen Frauen aus Leder Taschen in diversen Formen und Größen für die Aufbewahrung und den Transport von Hausrat und persönlichen Gegenständen, aber auch von Nahrungsmitteln, Milch und Wasser. Oft arbeiten sie Monate an einer reich verzierten Tasche aus Ziegenhaut. Die aufwendig gearbeiteten Kleidersäcke bringen Frauen mit in die Ehe ein. Auffällig sind die vielen Fransen an den Taschen, die als belebender Dekor beim Reiten rhythmisch mitschwingen.

Andi Ouhoulou und ihre Tochter Atyi fertigen eine Ledertasche
Agadez, Niger, Westafrika, 1980

Asmat – Männer und Frauen in der Gemeinschaft

Die vielfältigen Männer- und Frauenrollen einer Gesellschaft manifestieren sich auch in den Normen, die den Zugang und die Nutzung von Räumen für beide Geschlechter regeln. Ein Beispiel dafür ist das Männerhaus der Asmat, die im südlichen Tiefland Westneuguineas leben.

Die traditionellen Geschlechterrollen der Asmat sind heute unter dem Einfluss christlicher Mission und indonesischer Verwaltung im Wandel begriffen. Krieg und Kopfjagd, einst Domänen des Mannes, wurden aufgegeben, doch gilt das Männerhaus weiterhin als spiritueller Mittelpunkt. Die Wohnhäuser sind das Zentrum des Familienlebens. Die Versorgung der Kinder liegt vornehmlich in den Händen der Frauen. An der Beschaffung von Grundnahrungsmitteln wie Fisch und Sagomehl – traditionell Aufgabe der Frau – sind Männer heutzutage beteiligt. Sie übernehmen zudem die Jagd auf Land- und größere Seetiere. Nur wenige Asmat arbeiten in Lohnberufen. Der Mann dominiert bis heute das politische und rituelle Leben.

Männerhaus in Atsj
Zentral-Asmat, Westneuguinea, Ozeanien, 1984

Männerhaus
Atsj, Zentral-Asmat, Westneuguinea,
Ozeanien, 2. Hälfte 20. Jh.
Holz, Sagopalmblätter, Baumrinde, Farbe;
B (des ausgestellten Mittelteils) ca. 1300 cm
Erworben mit Mitteln der Kulturstiftung
der Länder, der Kunststiftung NRW und
der Stadt Köln
RJM 64400

Das Männerhaus – sakraler und sozialer Raum

Yeu, das Männerhaus, ist der dominierende Bau in den Siedlungen der Asmat. Jedes Dorf – in größeren Orten jede Dorfsektion – besitzt ein solches Gebäude, dessen Inneres die gesellschaftliche Bedeutung der Abstammungsgruppen widerspiegelt. Jeder Klan besitzt eine eigene Feuerstelle mit dazugehörigem Ahnenpfahl, im Zentrum des Gebäudes befindet sich die allen Klans gemeinsame heilige Feuerstelle. Der auf Pfählen errichtete Bau weist zur Flussseite hin eine Veranda und mehrere Eingänge auf; die dem Wald zugewandte Rückseite hat in der Regel nur einen Ausgang.

Hier kommen die Männer aus den Familienhäusern zusammen, besprechen kulturelle und rituelle Belange und machen die Jungen mit der Welt der Ahnen vertraut. Frauen wird nur selten Zutritt gewährt. Das Männerhaus vereint profane und sakrale Lebensbereiche; bis heute bildet es das spirituelle Zentrum der Asmat, die ihren Ahnenglauben auch unter dem Einfluss der christlichen Mission bewahrt haben.

Nach der indonesischen Okkupation Westneuguineas im Jahr 1963 wurden alle *yeu* durch die neuen Machthaber zerstört. Seit den 1970er Jahren ist ihr Bau wieder erlaubt.

Die Ausstellung zeigt den zentralen Teil des alten Männerhauses von Atsj, das 1993 zugunsten eines Neubaus aufgegeben wurde. Dieser Kern des ursprünglich 46 Meter langen Baus umfasst die mittleren Feuerstellen und die dazugehörigen großen Ahnenpfähle, die von der engen Verbindung der Asmat zu ihren Vorfahren zeugen.

Schild

Zentral-Asmat, Westneuguinea, Ozeanien, Mitte 20. Jh.
Mangrovenholz, Pflanzenfaser, Farbe; H 179 cm
RJM 48450

Kriege und damit verbundene rituelle Kopfjagden waren bis in die zweite Hälfte des 20. Jahrhunderts verbreitet. Ihre Durchführung lag in den Händen der Männer. Hauptangriffswaffe war neben Pfeil und Bogen der Speer; zur Abwehr wurden Schilde eingesetzt. Die Schilde der Zentral-Asmat tragen meist einen Zapfen oder eine kleine Figur am oberen Ende. Der aus dem Vollen geschnitzte Fortsatz repräsentiert einen Ahnen, der dem Kämpfer Mut und Kriegsglück verleihen sollte.

Kindertrage
Zentral-Asmat, Westneuguinea, Ozeanien,
2. Hälfte 20. Jh.
Pflanzenfasern; H 81 cm
RJM 63796

Die Versorgung der Kinder obliegt den Frauen. Die zum Transport eines Säuglings oder Kleinkinds benutzte Trage ist mittlerweile weitgehend durch Tragetuch oder Tragnetz ersetzt worden.
Das Flechten von Tragen, Taschen und Matten ist traditionell Frauenarbeit. Entsprechend werden auch neuere, für den Verkauf an Touristen angefertigte Flechtartikel wie Bilder oder Zierkleidung von Frauen hergestellt. Holzschnitzerei ist hingegen bis heute den Männern vorbehalten.

Frau mit Säugling
Zentral-Asmat, Westneuguinea, Ozeanien, 1975

WEIBLICH & MÄNNLICH
MALE & FEMALE
DER KÖ

RPER ALS BÜHNE

Der Körper als Bühne
Kleidung und Schmuck

Kleidung schützt nicht nur vor den Unbilden der Witterung und anderen äußeren Einflüssen, sondern gibt auch Auskunft über die Person, die sie trägt. Was der Dresscode signalisiert, ist kultur- und milieubedingt. Neben der Kleidung sind es Accessoires und direkte Eingriffe am Körper, die diesen zur Bühne menschlicher Selbstdarstellung machen.

Die Aussagen zur Person können sehr komplex sein und sich auf Geschlecht, Alter, Abschnitte im Lebenslauf, politischen oder gesellschaftlichen Status, familiäre, ethnische oder religiöse Zugehörigkeit, Weltanschauung, Beruf, wirtschaftlichen Wohlstand und andere soziale Merkmale beziehen.

Sich über Körper und Kleidung mitzuteilen, ist nicht auf unsere Gesellschaft beschränkt, sondern gilt mehr oder minder für alle Kulturen und Zeiten. Etwa 15 000 Jahre alt ist die jungpaläolithische Höhlenzeichnung von Les Trois Frères in Südfrankreich, die einen in Tierfelle gehüllten und mit einem Geweih auf dem Kopf ausgestatteten Menschen zeigt – offenbar, so die gängige Deutung, einen Schamanen. Mit dem Aufkommen der Weberei im 7. Jahrtausend v. Chr. konnte man immer differenziertere Kleidungsstücke herstellen und darin entsprechende Botschaften zum Beispiel zu Geschlecht und Rang ›verpacken‹. Wandmalereien und Textilfunde aus ägyptischen Grabanlagen des 2. Jahrtausends v. Chr. vermitteln augenscheinlich die Unterschiede in der Kleidertracht ebenso wie griechische Vasenmalereien etwa ein Jahrtausend später.

Im Mittelalter gab es in Europa relativ feste Kleiderregeln, die die soziale Ordnung widerspiegelten; ab Mitte des 14. Jahrhunderts kann man dann bei Kleidung, Accessoires und Frisuren der städtischen Bevölkerung durchaus von ›Mode‹ sprechen, die sich in der Folgezeit in immer kürzeren Abständen änderte. Gab es bei diesen städtischen Bekleidungen zunächst regionale und nationale Unterschiede, so übernahm etwa Anfang des 18. Jahrhunderts die Oberschicht fast in ganz Europa die damalige Mode des französischen Königshofes. Professionelle Modedesigner arbeiten seit Mitte des 19. Jahrhunderts.

Im Zuge der Globalisierung verbreiten sich heutzutage Modetrends fast simultan über die ganze Welt. Neue Richtungen werden nicht mehr nur von Designern vorgegeben, sondern haben ihren Ursprung oft in Subkulturen oder in der Musik- und Unterhaltungsszene. Entstanden aus dem Wunsch, sich abzuheben und von der Norm abzugrenzen, gewinnen sie rasch weltweit Anhänger. Regionale Textiltraditionen gehen hingegen zunehmend verloren.

Das geflügelte Wort »Kleider machen Leute« weist darauf hin, wie sehr eine Person auf Grund ihrer äußeren Erscheinung von anderen beurteilt und sozial positioniert wird. Mit Kleidung und Dekor lässt sich abgrenzen und zuordnen.

Fußballfan des 1. FC Bayern München, München, Deutschland, 2008

Je nach kultureller Norm verfügt der Einzelne über einen engeren oder weiteren Spielraum, um sich in Szene zu setzen. Ebenso wie Kleidung den Körper ver- und enthüllt, verbirgt oder offenbart sie im übertragenden Sinne Emotionen, Absichten, Ansprüche und gesellschaftlichen Status. Bewusst eingesetzt, stellen die einzelnen Teile der Aufmachung und ihre Zusammenstellung eine Art Code dar, dessen Bedeutung sich umso eher erschließt, je vertrauter man mit den Normen und Werten einer Gesellschaft ist.

Je nach kulturellem Hintergrund kann ein und dasselbe Kleidungsstück unterschiedlich interpretiert werden, wie etwa das Kopftuch der muslimischen Frau: Von westlichen Feministinnen wird dieses Kleidungsstück als Zeichen weiblicher Unterdrückung abgelehnt. Darüber hinaus wird seine Trägerin hierzulande in die Nähe des islamischen Fundamentalismus gerückt. Das Tragen eines Kopftuchs im Schulunterricht wurde muslimischen Lehrerinnen in einigen Bundesländern jüngst als unerwünschter Ausdruck radikal-islamischer Zugehörigkeit verboten. Im traditionellen islamischen Kontext symbolisiert das Kopftuch – und in noch stärkerem Maße der Schleier – in erster Linie Abgrenzung der privaten, weiblichen Sphäre von der öffentlichen, männlich konnotierten Domäne. Kleidung hat im Islam auch eine moralische Funktion; sie hilft, die Grenzen zwischen den Geschlechtern und somit die soziale Ordnung aufrechtzuerhalten. Dem liegt eine andere Haltung zur Körperlichkeit und zum Umgang der Geschlechter miteinander zugrunde. Das Tragen eines Schleiers oder Kopftuchs ermöglicht es der muslimischen Frau in Kombination mit anderen körperbedeckenden Kleidungsstücken auch in der Öffentlichkeit gemäß traditioneller islamischer Moralvorstellungen zu agieren.[1] Die jungen Musliminnen in Sneakern, Jeans oder langem Rock und Kopftuch sind vielfach keine unterdrückten, rückständigen Frauen, sondern Vertreterinnen einer modernen, sich ihrer islamischen Identität bewussten Generation, die sich mit ihrer Kleidung überlegt im westlichen, aber auch im islamischen Umfeld positionieren.

Junge Musliminnen in Berlin-Neukölln, Deutschland, 2008

In fast allen Gesellschaften existieren unterschiedliche Kleiderordnungen für Männer und Frauen, die allerdings immer wieder Veränderungen unterworfen sind. In ihnen spiegeln sich kulturspezifische Bilder und Erwartungen, die mit den jeweiligen Geschlechterrollen verbunden sind. In Europa führte die

Emanzipation der Frau zu einer Adaption der Männerkleidung. Aufschlussreich ist, dass die Angleichung der Kleidung nur in eine Richtung verlief. Noch immer ist es für die meisten Männer undenkbar, sich Frauenkleidung zu eigen zu machen. Ihre Vorstellungen von der Rolle der Frau stehen dem Kleidertausch diametral entgegen. Der Auftritt von Männern in Frauenkleidung findet bislang vorwiegend in transsexuellen Kreisen, selten auch im Privatbereich statt.

Nach dem Vorbild von Comic-Helden gekleidete Jugendliche, Tokio, Japan, Ostasien, 2008

Wenn Kleidung ein Geschlecht körperlich beeinträchtigt oder in seinem Stellenwert benachteiligt, betrifft dies weltweit in erster Linie Frauen, wobei der Grad der Einschränkung variiert. In Europa und Nordamerika herrscht ein eher indirekter Modezwang, der viele junge Frauen beispielsweise zu Schuhen mit Stilettoabsätzen greifen lässt. Andernorts gelten mitunter strikte Kleidergebote, deren Beachtung oder Nichtbeachtung den Frauen je nach kulturellem Umfeld zu großem Nachteil gereicht. Während 2010 in Belgien ein gesetzliches Verbot der Burka – einem Gewand orthodox-islamischer Frauen, welches die gesamte Gestalt verhüllt und nur ein kleines Gitternetz für die Augen aufweist – verabschiedet wurde, erlitten Frauen ohne Burka in Afghanistan unter den Taliban strengste Bestrafung. Und die bis zum Ende des 19. Jahrhunderts in China herrschende Sitte der ›Lotusfüße‹, die Frauen gehobener Schichten einbandagierte, verkrüppelte Füße bescherte, entband diese zwar von schwerer Arbeit, schränkte aber auch ihren Aktionsradius auf ein Minimum ein, von den lebenslangen Schmerzen ganz zu schweigen.

Brautpaar in Köln, Deutschland, 2009

Die Hochzeit bildet fast überall auf der Welt einen festlichen Höhepunkt, der sich optisch in besonderer Kleidung und kostbarem Schmuck widerspiegelt. Im Zentrum des Geschehens steht in vielen Kulturen die Braut als ›Königin für einen Tag‹. Das passende Brautkleid für eine westliche ›Märchenhochzeit‹ ist lang und weiß und wird mit Schleier und langer Schleppe getragen. Die Farbe verkörpert Keuschheit und Reinheit. In Indien dagegen hüllt sich eine Braut in einen goldverzierten roten Sari, dessen Farbe Fruchtbarkeit ausdrückt. Rot mit Goldstickerei war auch in der Türkei eine traditionelle Farbgebung während der mehrtägigen Hochzeitsfeierlichkeiten. Die Zurschaustellung kostbaren Schmucks dient bis heute weltweit der Repräsentation. Formen, Materialien und Farbgebung haben oft symbolischen Charakter. So stellen beispielsweise bei den Karo-

Teilnehmer der Highland Games im Schottenrock, Chicago, USA, Nordamerika, 2008

Batak im Norden der indonesischen Insel Sumatra die Einzelelemente der goldenen Hochzeitsketten in Form von Büffelhorn- und Hausdachmotiven die Brautleute unter den Schutz der Götter und Ahnen.

In engem Zusammenhang mit der Heirat stehen Familie und Abstammung, die für die Identitätsbildung der Menschen überall auf der Welt eine herausragende Rolle spielen und entsprechend zum Ausdruck gebracht werden. In Europa hat sich seit dem Mittelalter ein differenziertes Wappensystem entwickelt, mit dem sich Personen, Familien, Organisationen, Gemeinwesen oder Staaten kennzeichnen. Wappen schmücken Rüstungen, Fahnen, Gebäude oder Gebrauchsgegenstände und Schmuck. Sie stärken das Gefühl der Verbundenheit und dienen Außenstehenden als Identifikationsmerkmal. Ähnlich funktionieren auch die Karomuster der schottischen Klans, die Männer- und Frauenröcke, Schultertücher und Taschen in den Highlands zieren. Während die mit der Kleidung verbundenen Markierungen beliebig an- oder abgelegt werden können, verewigten hochrangige Maori in Neuseeland bis Ende des 19. Jahrhunderts ihre Familienzeichen als unvergängliche Tatauierungen auf ihren Gesichtern. Das Wiederaufleben der Gesichtstatauierung hundert Jahre später ist mit einem Bedeutungswechsel verbunden: Mit ihren Gesichtstattoos drücken die Träger heutzutage ihre kulturelle Identität als Maori aus. Hierzulande sind Tattoos eher eine Modeerscheinung.

In hierarchisch strukturierten Gesellschaften zeigen Machthaber und Angehörige der Oberschicht ihren sozialen Rang häufig durch eine kostbare Ausstattung und symbolhafte Embleme. Königin Elizabeth II. von England – bei hochoffiziellen Anlässen mit Krone, Zepter und Reichsapfel ausstaffiert und in einen Hermelinmantel gehüllt – verkörpert unmissverständlich jahrhundertealten Herrschaftsanspruch und Reichtum. Die gleiche Botschaft verkündet ein prachtvoller Federmantel aus Hawaii, der ursprünglich König Kamehameha II. (1797–1824) gehörte und der sich heute im Besitz des Rautenstrauch-Joest-Museums befindet. Die Oberfläche des kostbaren Mantels besteht aus Hunderttausenden roter und gelber Federchen.

Materieller Wohlstand verhilft ebenfalls zu hohem Ansehen. Zur Demonstration ihres Status verwenden begüterte Personen vielfach ähnliche Attribute wie ehemals der Adel; die mit Diademen, kostbarem Schmuck, langen Handschuhen und Seidenkleidern ausgestatteten jungen Debütantinnen des Wiener Opernballs legen davon jährlich glitzerndes Zeugnis ab. Im Alltag verweist der wohlsituierte Mensch je nach persönlichem Geschmack und Stil mehr oder weniger dezent auf seine Position. Die diskrete ›Verpackung‹ ist auch hier ein Fall für Insider, die selbst bei einem auf den ersten Blick eher schlichten Kostüm oder Schmuckstück den Designer und den Preis benennen können.

Voller Botschaften ist auch die Garderobe religiöser Würdenträger, insbesondere die der katholischen Kirche: Die Gestaltung und Zusammenstellung der vielfältigen Gewänder und Accessoires ist eine Wissenschaft für sich. Die Farben der Roben wechseln gemäß der jahreszeitlichen Feste. Ebenso ist genau festgelegt, welche Ausstattung mit dem jeweiligen Rang in der katholischen Hierarchie verbunden ist. So treten Bischöfe bei offiziellen Anlässen mit der Mitra als Kopfbedeckung, dem Bischofsstab, dem Brustkreuz und dem Amtsring auf. Ihre schwarze Alltagsgewandung, die lange Soutane, wird durch ein flaches violettes Scheitelkäppi, den Pileolus, ergänzt. Auch in anderen religiösen Gemeinschaften auf der Welt verfügen diejenigen Personen, die mit der Durchführung sakraler Zeremonien betraut sind, über spezielle Attribute und Schmuckstücke, deren Materialien und Formen symbolische Bedeutung haben. Bei den religiösen Führern der Batak auf Sumatra spielte zum Beispiel früher ein mit einer magischen Substanz angereicherter Ritualstab, dem besondere Kräfte zugeschrieben wurden, eine wichtige Rolle. Aber auch einfache Gläubige können ihre religiöse Verbundenheit durch das Tragen charakteristischer Attribute kundtun: So lassen Anhänger in Kreuzform, der Davidstern, die Hand Fatimahs oder die *rudrakshamala,* die Kette der hinduistischen Shiva-Verehrer, die Religionszugehörigkeit ihrer Trägerinnen und Träger erkennen.

Ein Identifikations- und Erkennungszeichen besonderer Art ist die Uniform. Sie kleidet zumeist Ordnungs- und Einsatzkräfte und signalisiert Autorität und öffentliche Legimitation. Im Straßenbild müssen Polizisten und Feuerwehrleute oder Sanitäter für jedermann zweifelsfrei erkennbar sein. Militärische Uniformen verbindet der Laie zwar mit der Armee, doch die Bedeutungen von Farben und Accessoires wie Schulterstücken, Sternen, Kordelbesatz und Orden

Papst Benedikt XVI. am Palmsonntag, Rom, Italien, 2009

Kaiser Wilhelm II. und Zar Nikolaus II. in preußischer Uniform, um 1905

erschließt sich nur dem Eingeweihten. Die bei kriegerischen Auseinandersetzungen getragene Ausrüstung hat hingegen in erster Linie Tarn- und Schutzfunktion. Neben Camouflage-Farben sind es spezielle Materialien, die durch ihre Eigenschaften Schutz bieten. Im europäischen Mittelalter begegnete der Krieger den damaligen Waffen seiner Gegner oft durchaus erfolgreich mit einer schweren Metallrüstung. Eine besondere Schutzkleidung entwickelten Kombattanten auf dem mikronesischen Gilbert-Archipel: Möglicherweise in Anlehnung an europäische oder japanische Vorbilder wurden bis ins 19. Jahrhundert hinein Rüstungen aus dicken Kokosfaserschnüren getragen, die selbst den dortigen, mit Haifischzähnen bewehrten Waffen standhielten. In vielen Gesellschaften vertrauten Krieger auf die schützende Wirkung magischer Objekte und setzten auf ein martialisches Erscheinungsbild, um ihren Gegnern Furcht einzuflößen. Erfolgreiche Kriegsteilnehmer trugen als Auszeichnung oft besondere Schmuck- oder Kleidungsstücke.

Sich anderen über die Ausstaffierung des eigenen Körpers mitzuteilen, ist Teil der kulturellen Natur des Menschen. Jede Art der Bekleidung suggeriert eine Botschaft. Selbst der bewusste Verzicht auf jegliche Garderobe stellt ein kulturelles Statement dar: FKK heißt nicht von ungefähr »Freikörperkultur«.

Herkunft und Heimat

Fast überall auf der Welt haben sich regional typische Formen von Kleidung und Schmuck entwickelt und teilweise über Jahrhunderte hinweg erhalten. Einige Textilien repräsentieren ganze Nationen, andere stellen zusammen mit Schmuck regionale Trachten dar oder drücken die ethnische Zugehörigkeit aus.

Viele dieser Trachten sind der Allgemeinheit durchaus geläufig – man denke nur an das Dirndl, den Sari oder den Kimono. Jedoch nur Mitgliedern der Gemeinschaft offenbaren Unterschiede in der Tragweise, in Materialien, Mustern und Farben vielschichtige Aussagen zu Alter, Familienstand oder Status. In jüngster Zeit wird Regionaltracht vielerorts nur noch zu besonderen Festtagen oder Anlässen getragen.

Gezeichnete Botschaften – Batikkleidung aus Java, Westindonesien

Auf der indonesischen Insel Java dominiert bei der Textilgestaltung die hoch verfeinerte Batikkunst: Die Stoffmuster werden mit Wachs reserviert, danach erfolgt die Färbung. Aufgrund verschiedener Bedingungen und Bedürfnisse haben sich regional unterschiedliche Ausprägungen sowohl im Erscheinungsbild als auch im Gebrauch der Textilien entwickelt. Während die Batiken aus den Hafenstädten der Nordküste die ethnische Zugehörigkeit anzeigen, orientieren sich Muster und Farben in Zentraljava an den Traditionen der islamischen Sultanshöfe und spiegeln die soziale Stellung ihrer Träger.

Junge Adlige aus Yogyakarta und Surakarta
Java, Indonesien, Südostasien, 1934

Die jungen Männer tragen rechteckige Hüfttücher *kain panjang*, die in Zentraljava von Männern und Frauen als offizielle Kleidung oder bei Hofe angelegt werden. Das diagonal verlaufende *parang-rusak*-Motiv – »zerbrochener Dolch« – ist den Herrschern der zentraljavanischen Sultanshöfe und ihren Familien vorbehalten. Die Größe des Musters sowie seine Kombination mit anderen Motiven geben Auskünfte zu Rangstufen.

Sarong (Vorder- und Rückseite)
Semarang, Nordküste Java, Indonesien, Südostasien, ca. 1860–1880
Baumwolle; B 102 cm
RJM 59659

Sarongs sind schlauchförmige Röcke, die an der Nordküste Javas von Männern und Frauen getragen werden.
Der abgebildete Sarong stammt aus einer der ältesten indo-europäischen Werkstätten der Nordküste, die für die Verwendung der Farbe Grün berühmt war und Carolina J. von Franquemont gehörte. Ihr Kundenkreis bestand hauptsächlich aus wohlhabenden europäischen, indoeuropäischen und chinesischen Frauen, die über die notwendigen Mittel verfügten, ihre kostspieligen Batiken zu erwerben. Die hier verwendeten Ornamente sind indischen Chintzen – Baumwollstoffen mit floralen Mustern – nachempfunden, zeigen aber auch chinesische Vogeldarstellungen. Sie dürften eine indo-europäische oder chinesische Trägerin angesprochen haben.

Sarong (aufgeschnitten)
Lasem, Nordküste Java, Indonesien,
Südostasien, um 1880
Baumwolle; B 100 cm
RJM 59656

Batiken aus Lasem zeichnen sich durch einen gelblichen Hintergrund und ein sattes Rot der Ornamente aus. Dieser meisterhaft gebatikte Sarong mit seiner Vielzahl an Tiermotiven wäre ein passendes Kleidungsstück für eine alteingesessene, wohlhabende Chinesin gewesen oder aber für eine Frau indo-europäischen Ursprungs.

Junge Frau in nordjavanischem Sarong
Java, Indonesien, Südostasien, 1897

Weiblich und männlich

Die wichtigste Information, die Kleidung, Schmuck oder Körpermodifikation übermitteln, betrifft die Geschlechtszugehörigkeit, die in fast allen Gesellschaften durch unterschiedliche Aufmachung gekennzeichnet wird.

Die Kategorien ›männlich‹ und ›weiblich‹ sind mit kulturspezifischen Eigenschaften und Werten sowie daraus resultierenden Verhaltensweisen verbunden, die nicht identisch mit dem biologischen Geschlecht sein müssen. Kleidung, Schmuck und Körpermodifikation spiegeln die Stellung der Geschlechter, ihr Selbstwertgefühl und ihr Verhältnis zueinander. Die Ausdrucksmöglichkeiten sind unendlich. Das Erlernen der Kleiderregeln – was zu welchem Anlass und Alter passt, welche Rechte, Verhaltensweisen und Verantwortlichkeiten damit einhergehen – sind wichtige Aspekte der Erziehung.

Hüftrock und Lendentuch – Männer- und Frauenkleidung auf dem Tanimbar-Archipel, Ostindonesien

Im Tanimbar-Archipel waren früher Kleidung und Schmuckstücke ebenso wie andere Objekte und Tätigkeiten in ›männlich‹ und ›weiblich‹ eingeteilt. Ihre Beschaffenheit spiegelte die dem jeweiligen Geschlecht zugeordneten Eigenschaften wider: Lokal gewebte Textilien galten als weiblich und kühl. Sie symbolisierten Fruchtbarkeit und kleideten Mädchen und Frauen, aber auch ältere Männer. Jüngere Männer dagegen trugen importierte Stoffe, die als heiß und männlich galten und mit Sonne und Krieg assoziiert wurden. Die Männertracht war differenzierter als die der Frauen und orientierte sich vor allem am Lebensalter.

Tanzauftritt
Tanimbar-Archipel, Indonesien, Südostasien, 1. Hälfte 20. Jh.

Männer trugen auf den Inseln des Tanimbar-Archipels ein Lenden- und Turbantuch, manchmal auch ein Brusttuch. Dazu kamen bei besonderen Anlässen diverse Schmuckstücke wie Kämme, Ohrringe, Stirnschmuck, Halsketten und Armringe. Goldschmuck wurde nur von der Oberschicht getragen und war ein begehrtes Statussymbol.

Frauen kleideten sich im Alltag in kurze Hüftröcke aus Blattstreifen der Lontarpalme, die mit Gürteln gehalten wurden. Der Oberkörper blieb unbedeckt. Die Festtracht bestand aus einem langen Baumwollrock, einem zweiten, schmal gefalteten Hüftrock als Schultertuch und ebenfalls reichem Schmuck.

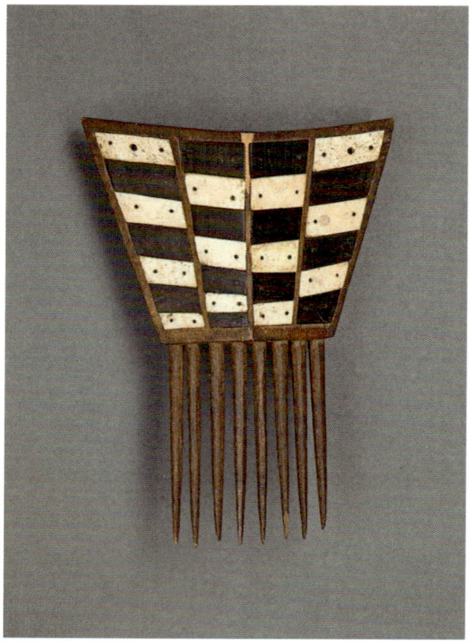

Zierkämme
Tanimbar-Archipel, Indonesien,
Südostasien, 19. Jh.
Holz, Knochen; H 21,5 cm, H 20 cm, H 23 cm,
H 23 cm, H 23 cm, H 21 cm
RJM 36323, 36325, 36333,
37207, 37210, 37212

Erfolgreiche Jäger trugen zu festlichen Anlässen prachtvolle Kämme am Hinterkopf. Sie sind variantenreich mit filigranen Knochenintarsien verziert. Als Motive finden sich der für die Region typische S-Kurvendekor, grafische Muster und Tierdarstellungen. Am oberen Ende der Zierplatte wurden Federn sowie aus Rotang geflochtene Schmuckelemente eingesteckt.

Hüftrock
Tanimbar-Archipel, Indonesien,
Südostasien, um 1900
Baumwolle; H 142 cm
RJM 36724

Hochrangige Trägerinnen zeichneten sich durch eine schwarz-weiße Streifenpartie in der Mitte ihrer Röcke aus. Die Ikatmusterungen, die durch eine Reservierung der Kettfäden und ihrer Färbung vor dem Verweben entstanden, setzen sich aus männlichen und weiblichen Motiven zusammen: der Flagge, als Siegeszeichen der Männer, und dem Halbmond, Symbol des Weiblichen.
Der Akt des Webens, die Kombination der Ikatmotive sowie die Balance der Farbgebung spiegeln die weibliche Geschlechterrolle, die darin besteht, Verbindungen herzustellen und Gleichgewicht zu schaffen. Insofern kann man diesen Sarong als eine Metapher des weiblichen Geschlechts auf dem Tanimbar-Archipel ansehen.

Lebenszyklus – Hochzeit

Zu den herausragenden Übergangsriten im Leben gehört die Hochzeit, die in fast allen Kulturen mit besonderen Zeremonien, Kleidungs- und Schmuckstücken festlich begangen wird.

Hochzeiten haben komplexe Funktionen: Sie verkünden den veränderten Status von Braut und Bräutigam, bilden Allianzen zwischen Familien und demonstrieren deren Rang und Reichtum durch Zurschaustellung und Austausch der kostbarsten und schönsten materiellen Güter. Kleidung und Schmuck spielen dabei eine repräsentative Rolle. Vor allem die Braut zeichnet sich in vielen Fällen durch besondere Gewänder und Accessoires aus. Ihre herausragende Stellung während der Festlichkeiten sollte jedoch nicht darüber hinwegtäuschen, dass die Zeremonien ihr oft einen sekundären Status gegenüber dem Bräutigam zuweisen.

Königin für kurze Zeit – die türkische Braut

Heiraten innerhalb der städtischen Oberschicht der Türkei des 19. Jahrhunderts waren arrangierte Verbindungen. In langen Verhandlungen zwischen den beteiligten Familien wurden Aussteuer und Brautgabe sowie die Daten für Verlobung und Hochzeit festgelegt. Die Trauung vollzog ein Imam. Die später folgenden fünftägigen Feiern waren einem festgelegten Ablauf unterworfen: Überbringung der Aussteuer, Besuch des Badehauses, Hennanacht, Verabschiedung der Braut im Elternhaus und Einzug in das Haus des Bräutigams, Feiern mit den Familien und Gästen. Jeden Tag legte die Braut ein spezielles Gewand an, das manchmal ein kostbares Erbstück war.

Mügül Andrews in ihrem Brautkleid
Köln, Deutschland, 1988

Brautkleid zur Hennanacht
Yildiz Kiosk, Türkei, Vorderer Orient, Mitte 19. Jh.
Baumwollsamt, Metallfäden, Pailletten; H 151 cm
Dauerleihgabe Max Freiherr von Oppenheim-Stiftung, Köln
DL 158

Samtkleider mit schwerer Goldstickerei wurden bis ins 20. Jahrhundert von der Braut, aber auch von ihren Freundinnen während der Hennanacht getragen, zu der auch die Frauen der Bräutigamsfamilie eingeladen waren. Die Schnittform orientierte sich an westlicher Mode.
Die Motive – Blüten und Ranken – gaben diesen Gewändern den Namen *bindallı*, was »tausend Zweige« bedeutet. Nach Gesang, Tanz und einer Kerzenprozession wurden die Hände und Füße der Braut kunstvoll mit Hennamustern verziert.

Hochzeitsschmuck für eine Braut
Kabylen, Maghreb, Algerien,
Nordafrika, 19. Jh.
Silber, Koralle, Email;
B 57 cm, B 48,5 cm, H 10 cm
Dauerleihgabe Max Freiherr
von Oppenheim-Stiftung, Köln
DL 224, 219, 221

Bei den Kabylen im Maghreb erhält die junge Braut von ihren Eltern umfangreichen Hochzeitsschmuck als Teil der Mitgift. Dazu gehören Fibeln zum Befestigen der Kleidung, ein Amuletthalsband mit Unheil abwehrenden Korallen sowie ein breiter Stirnschmuck, der im Haar oder Kopftuch befestigt wird.

Hochzeitspaar der Karo-Batak
Sumatra, Indonesien, Südostasien, 1985

Brustschmuck
Karo-Batak, Nordsumatra, Indonesien, Südostasien, 20. Jh.
Vergoldetes Silber, Baumwolle; B 100 cm
RJM 49879

Bei den Karo-Batak in Nordsumatra tragen Braut und Bräutigam zur Hochzeit zwei schwere Goldketten: Die eine wird um das kunstvoll drapierte Kopftuch geschlungen, die andere Kette mit sichelförmiger Mittelplatte dient als Brustschmuck. Die symbolträchtigen Büffelhorn- und Hausdachmotive der Einzelelemente stellen die Brautleute unter den Schutz der Götter und Ahnen.

Abstammung und Familie

Abstammung und Familienzugehörigkeit gehören zu den wichtigsten Identifikationsmerkmalen eines Menschen. Meistens sind es Namen, die verwandtschaftliche Zusammenhänge verkünden, daneben hat sich der Gebrauch visueller Zeichen etabliert.

Wer mit wem wie verwandt ist, hängt von unterschiedlichen Regeln ab. In vielen Kulturen beschränkt sich das Bewusstsein von Verwandtschaft nicht nur auf zwei oder drei Generationen der engeren Familie, sondern umfasst weitverzweigte Abstammungsverbände, deren Genealogien selbst über mehrere Jahrhunderte hinweg bekannt sind. Die Bedeutung der Abstammung spiegelt sich oft in Emblemen wie Wappen oder textilen Ornamenten wider. Diese Kennzeichen wirken sowohl nach innen als auch nach außen: Sie stärken das Gefühl von Zusammengehörigkeit und Identität und werden auch von Außenstehenden verstanden.

Unvergängliche Zeichen – Gesichtstatauierung bei den Maori in Neuseeland

Die Gesichtstatauierung der Maori war in erster Linie ein Vorrecht hochrangiger Personen. An ihr ließen sich ererbter und erworbener Status sowie die genealogische Zugehörigkeit ablesen. Die Tatauierung jeweils einer Gesichtshälfte zeigte die mütterliche beziehungsweise väterliche Linie an. Das Muster stellte eine Art persönlicher Signatur dar, mit der im 19. Jahrhundert Maori-Oberhäupter auch Verträge mit der britischen Kolonialregierung unterzeichneten. Seit einigen Jahrzehnten ist ein Wiederaufleben der Gesichtstatauierung zu beobachten, mit der ihre Träger heute vor allem ihre generelle Identität als Maori zum Ausdruck bringen.

Menehira, ein hochrangiger Maori
Neuseeland, Ozeanien, vor 1900

Bugmaske
Maori, Neuseeland, Ozeanien, um 1840
Holz, Haliotismuschel; H 27 cm
RJM 22509

Die reliefierten Ornamente der Maske entsprechen den Tatauierlinien eines hochrangigen Adligen und Kriegers. Die Tatauierungen wurden im 19. Jahrhundert in einer Schlagtechnik ausgeführt, die Verwandtschaft zur Schnitzkunst aufweist. Bugmasken zierten die Kriegs- und Totenboote der Maori.

Schmuckkasten
Maori, Wanganui, Neuseeland, Ozeanien, um 1850
Holz, Haliotismuscheln; B 50 cm
RJM 23891

Der bootsförmige Kasten diente der Aufbewahrung von Zierfedern und Schmuck. Beide Enden sind mit menschlichen Köpfen verziert, gleich den Bugmasken der Maoriboote. Ein weiteres Gesicht erscheint in der Mitte des Deckels; seine Ornamentik entspricht der Tatauierung eines ranghohen Oberhaupts und Kriegers.

Schwangerschaftsmatte
Nauru, Ostmikronesien, Ozeanien, 19. Jh.
Pandanusblatt, Federn, Schalen von Meerestieren;
B 66 cm
RJM 45592

Auf der Insel Nauru trugen hochrangige Frauen ab dem fünften Schwangerschaftsmonat eine oder zwei kleine geflochtene Matten, die sie oberhalb des Gürtels befestigten. Die spezifische Musterung verwies auf ihre Familie und deren gesellschaftlichen Rang. Die gleichen Matten legte auch der Ehemann der werdenden Mutter an.

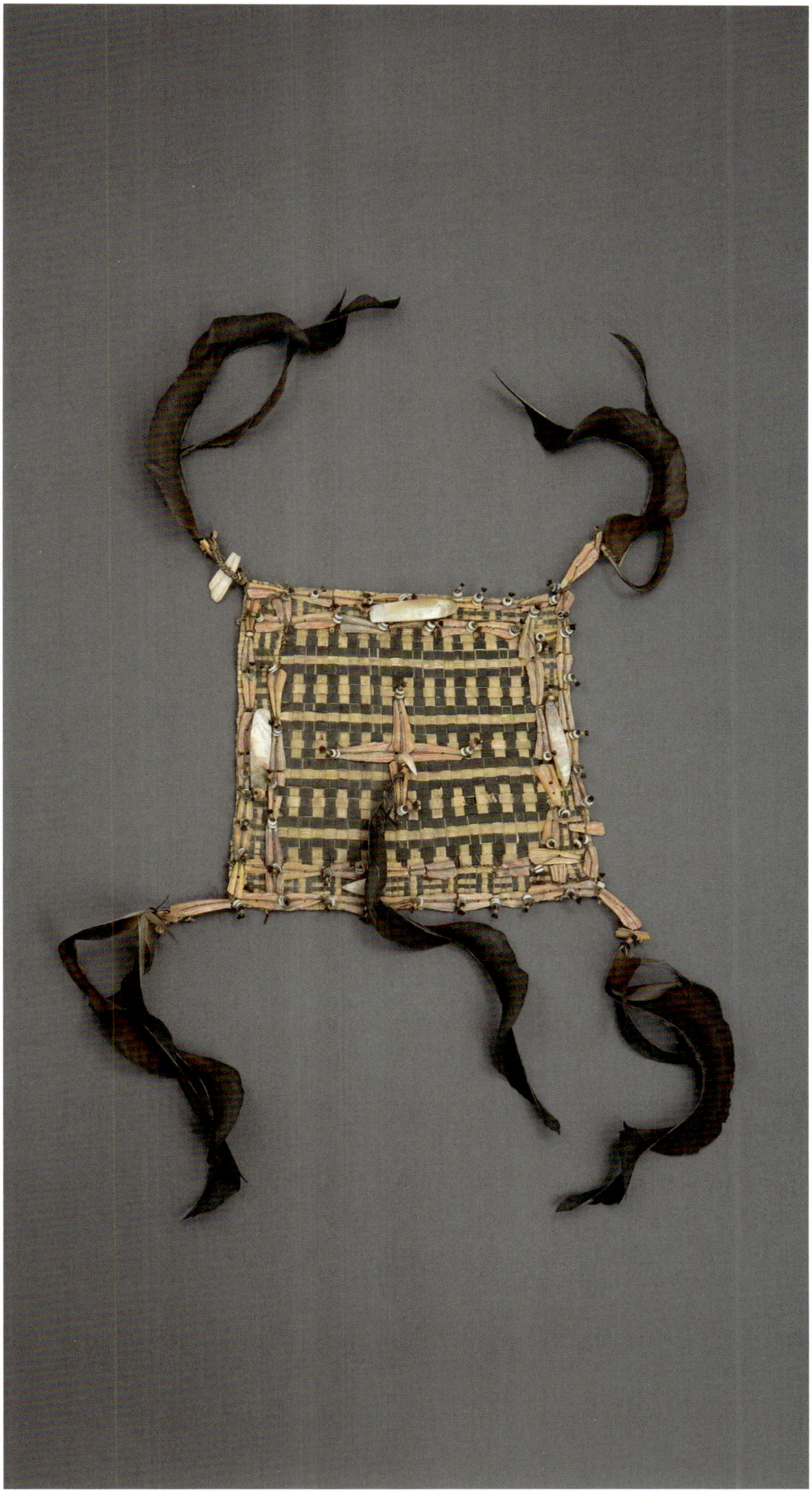

Macht und Reichtum

In hierarchischen Gesellschaften zeigen Machtinhaber und Angehörige der Oberschicht ihren sozialen Rang häufig durch eine kostbare Ausstattung und symbolhafte Embleme. Hoher sozialer Status kann erworben oder zugeschrieben sein und gründet sich auf Abstammung, gesellschaftliche Position oder materiellen Wohlstand.

Attribute des Wohlstands unterliegen eher Veränderungen und individueller Gestaltung als solche, die zur politischen Ikonografie gehören und im Dienste eines Herrschers stehen. Insignien symbolisieren in ihrer Gestaltung Amt und Würde ihres Trägers und demonstrieren die Legitimation seines Status. Die häufig von Generation zu Generation weitergegebenen Machtembleme erhalten durch ihre Verbindung zur Vergangenheit eine zusätzliche Aura, die die Position des Herrschers stärkt.

Mana und Tabu – Rangzeichen auf Hawaii

An der Spitze der hierarchisch gegliederten Gesellschaft Hawaiis standen Adlige, die ihre Abstammung auf die Götter zurückführten. Nur ihnen war das Tragen von Federmänteln und bestimmten Schmuckstücken erlaubt. Ihr Mana, die ihnen eigene und für Rangniedrigere gefährliche spirituelle Energie, ging auf ihre persönlichen Gegenstände über. So konnte nur der eigentliche Besitzer diese ungefährdet verwenden. Diejenigen Federmäntel, die zur Inauguration eines Fürsten hergestellt wurden, bewahrte man nach seinem Ableben als Zeichen seiner Macht und als dynastisches Symbol auf. Andere Gegenstände aus seinem Besitz wurden zerstört.

Hawaiianischer Adliger mit Federmantel
Stich von J. N. Lerouge und E. Forget nach einer Zeichnung von J. Arago, 1922

Federmantel *'ahu'ula*
Hawaii, Polynesien, Ozeanien, vor 1824
Olona-Fasern, Federn; H 132,5 cm
RJM 46830

Hunderttausende gelber und roter Federchen wurden benötigt, um diesen Federmantel in den Farben der Götter und Herrscher anzufertigen. Das kostbare Stück gehörte ursprünglich König Kamehameha II., der 1823 von Hawaii nach London reiste, wo er kurze Zeit später verstarb. Ein Schiffsoffizier erhielt den Mantel zum Dank für Verdienste während der Überfahrt. Als Außenstehender war er gegen die spirituelle Kraft gefeit, die dem Umhang zugesprochen wurde.

Der große Auftritt – Elitekleidung in Mali, Westafrika

Das elegante, weite Obergewand *boubou* wird in ganz Westafrika von Männern, vielfach auch von Frauen, getragen. Mali mit seinem Netz von Handelswegen spielte bei der Verbreitung des *boubou* eine wichtige Rolle. Hier sind ähnliche Gewandformen schon im 14. Jahrhundert belegt. Aufwendige Stickereien oder Reservemusterungen sowie kostbare Materialien verdeutlichen den Reichtum des Trägers. Vor allem in den Städten hat sich der *boubou* als teures Festgewand etabliert, mit dem man sich innerhalb der Gesellschaft positioniert. Mittlerweile entwerfen zahlreiche Ateliers immer neue modische Variationen.

Mann aus Djenné
Mali, Westafrika, 1893/94

Festgewand *boubou*
Mali, Westafrika, 1. Hälfte 20. Jh.
Baumwolle, Seide; H 143 cm
RJM 46106

Dieser prachtvolle *boubou,* einer der schönsten seiner Art, gehört zu einem Typ, der heutzutage nicht mehr hergestellt wird. Die Indigofärbung wurde von Frauen ausgeführt, die filigrane Stickerei mit importierter Seide von Männern. Ein solches Stück bester Qualität kostete im 19. Jahrhundert 40 000 Kaurischnecken oder acht Ochsen, konnte also nur von sehr reichen Persönlichkeiten erworben werden. Nur wenige *boubou* dieser Art haben in Sammlungen Eingang gefunden.[2]

Halsschmuck *lei niho palaoa*
Hawaii, Polynesien, Ozeanien, 19. Jh.
Pottwalzahn, Menschenhaar, Olona-Fasern;
H 31 cm
RJM 46832

Hunderte fein geflochtene Zöpfe aus Menschenhaar tragen den schweren Anhänger aus Walzahn. Brustschmuck dieser Art war allein Herrschern und ranghohen Adligen vorbehalten und wurde sowohl von Frauen als auch Männern getragen.

Halsschmuck *wasekaseka*
Fiji-Inseln, Polynesien, Ozeanien, 19. Jh.
Pottwalzahn, Kokosfaser; H 66 cm
RJM 48540

Adliger Mann aus Samoa
Polynesien, Ozeanien, um 1900

Gewandapplikation
Edo, Benin, Nigeria, Westafrika, 18. Jh.
Elfenbein; B 25 cm
RJM 44722

Im Gründungsmythos des Königreichs Benin spielt der Leopard eine zentrale Rolle. Diesem Umstand verdankt sich seine häufige Darstellung im Umfeld des Königshofs, etwa in der Palastdekoration, der Zeremonialkleidung und im Herrscherkult. Die Elfenbeinfigur nimmt in zweierlei Hinsicht Bezug auf die Exklusivität des Königs: Leopard und Elfenbein stellen die bedeutsamsten symbolischen Privilegien des Herrschers dar; er wird als Leopard bezeichnet, und im Palastbezirk lebten früher gezähmte Leoparden – Elfenbein war allein dem König vorbehalten.

Stadtältester von Ijebu-Owo
Benin, Nigeria, Westafrika, 1978

Der Stadtälteste trägt seinem Status entsprechend ein Zeremonialkostüm mit Elfenbeinapplikationen.

Federschmuck
Rikbaktsa, Mato Grosso, Brasilien,
Südamerika, um 1990
Federn, Baumwolle, Schneckenschalen;
H 77,5 cm
RJM 53802

Das Federkopfband mit dem langen Nackenbehang wird bei den Rikbaktsa traditionell von den Anführern bei Festlichkeiten getragen. Dazu kommen Nasenstecker und Armbänder mit Federbüscheln. Die schwarzen Federn stammen vom Hokkohuhn, die bunten von verschiedenen Papageienarten. In den Federn spendenden Vögeln sehen die Rikbaktsa ihre Vorfahren.

Schale
Südliche Molukken, Indonesien,
Südostasien, 18./19. Jh.,
Gold; D 24,5 cm
RJM 53070

Verzierte Schalen aus leichtem Goldblech wurden auf den Inseln der südlichen Molukken von hochrangigen Frauen beim Tanz paarweise an Schnüren um den Hals getragen.

Frauen von Luang
Südliche Molukken, Indonesien,
Südostasien, Anfang 20. Jh.

Magie und Religion

Die Durchführung religiöser und magischer Praktiken liegt in den meisten Gesellschaften in den Händen von Ritualspezialisten, die oft aufgrund ihrer Fähigkeiten und besonderen Beziehung zur übernatürlichen Welt eine Sonderstellung in ihrer Gesellschaft einnehmen.

Spezielle Attribute, Schmuck- und Kleidungsstücke, denen vielfach magische Kraft zugeschrieben werden, kennzeichnen diese rituellen Spezialisten bei der Ausübung ihrer Tätigkeit. Die Materialien und Muster, Formen und Farben ihrer Ausstattung haben häufig symbolische Bedeutung oder nehmen Bezug auf wirkmächtige Gottheiten. Auch die Gläubigen können ihre religiöse Verbundenheit durch das Tragen besonderer Attribute wie geweihte Amulette oder spezifische Symbole zeigen.

Geheimes Wissen –
Traditionelle Priester der Toba-Batak auf Sumatra, Westindonesien

Die religiösen Führer *datu* der Toba-Batak im Norden der Insel Sumatra galten bis Anfang des 20. Jahrhunderts als die ranghöchsten Mitglieder der Dorfgemeinschaften. Nach einem Berufungserlebnis und langen Lehrjahren bei einem erfahrenen Meister beherrschte ein *datu* die Geheimliteratur, Formen schwarzer und weißer Magie sowie das Anfertigen magischer Objekte und Substanzen. Er verfügte über diverse Ausrüstungsgegenstände, die er zum Teil selbst herstellte und ›beseelte‹. Er vertrieb böse Geister, bannte Krankheiten und Dürre, beschwor Fruchtbarkeit, hatte Kontakt zu den Ahnen und konnte zukünftige Ereignisse prophezeien.

Religiöser Führer der Batak
Sumatra, Indonesien, Südostasien, um 1930

Der *datu* präsentiert sich in vollem Ornat mit ›Zauberstab‹, Büffelhornbehälter für magische Substanzen und einem Leporello aus Rindenbast, das geheime Rezepturen, Zeichnungen, magische Sprüche und eigene Aufzeichnungen enthält; sie sind in einer Ritualsprache in spezieller Schrift verfasst.

Medizinbehälter oder Urne
Toba-Batak, Sumatra, Indonesien,
Südostasien, 19. Jh.
Holz, Keramik, Pflanzenfaser; H 49 cm
RJM 49963

Für die Aufbewahrung von *pupuk*, magischen Substanzen, besaßen die *datu* eine ganze Reihe von Behältnissen. Teilweise handelt es sich um Keramikgefäße thailändischer oder chinesischer Produktion, Tierhörner oder hölzerne Zylinder, die der *datu* mit figürlich geschnitzten Holzverschlüssen versah. Der Missionsarzt Johannes Winkler benennt Anfang des 20. Jahrhunderts eine Rezeptur aus besonderen Erdsorten und Pflanzenteilen. Sie schließt mit den Worten: »So wird alles irdische Elend, Vernichtung, Hass und Streitwut in das Zaubermittel hineingebraut.«[3]

Knabenmütze
China, Ostasien, um 1900
Seide, Fell, Silber, Jade; H 17 cm
RJM 55200

In China vertraute man jahrhundertelang auf den Schutz machtvoller Tiere, wie zum Beispiel des Tigers, um kleine Kinder vor Unheil zu bewahren. Schuhe oder Kappen wurden liebevoll von Mutter, Tante oder Großmutter in Tierform genäht und mit Glückssymbolen verziert. Die Übersetzung der Schriftzeichen auf den Silberplaketten bedeutet: »Langes Leben mit Reichtum und Ehre«. Solche Wünsche schmücken teilweise bis heute die Kleidungsstücke der Jungen.

Gürtelschnalle
Türkei, Vorderer Orient, 17./18. Jh.
Silber, vermutlich Nephrit; H 13 cm
Dauerleihgabe Max Freiherr von Oppenheim-Stiftung, Köln
DL 227

In feiner Kalligrafie ist die vorletzte Sure des Korans, *al-falaq*, eingraviert. Mit ihr ruft der Gläubige den »Herrn der Morgendämmerung« zum Schutz vor Unheil an.

Schutzgewand
Guinea, Westafrika, Anfang 20. Jh.
Baumwolle, Leder, Krallen, Zähne; H 113 cm
RJM 49822

Die vielen Lederbüschel, Amulettpäckchen, Tierzähne und -krallen repräsentieren die gesammelte Erfahrung eines versierten Jägers und stellen gleichzeitig sein Schutzpotenzial dar. Islamischer Einfluss zeigt sich in den Lederpäckchen, die vielfach Koransprüche enthalten. Der Glaube an den machtvollen Schutz solcher Gewänder war so groß, dass sich Krieger damit sogar furchtlos den Gewehren europäischer Kolonialsoldaten entgegenstellten.

König Odeefuo Boa Amposem III. mit Amulettgewand
Ghana, Westafrika, 1996

Krieg und Kopfjagd

Bei kriegerischen Auseinandersetzungen tragen die Kombattanten fast überall eine von der Alltagskleidung abweichende spezielle Ausrüstung. Die Art der Schutzkleidung soll eine wirksame Abwehr der gegnerischen Waffen gewährleisten. Schutz verspricht man sich zudem von mitgeführten magischen Attributen.

Der Glaube an die Macht magischer Objekte war mancherorts so groß, dass auf die weitere physische Absicherung verzichtet wurde. Durch eine martialisch wirkende Erscheinung versuchte man den Gegner einzuschüchtern. Bestimmte Schmuckstücke und Accessoires waren als Auszeichnungen nur renommierten Kriegern vorbehalten und konnten verschiedene Rangstufen darstellen. Besondere Attribute gebührten den erfolgreichen Teilnehmern an der rituellen Kopfjagd, durch die dem Individuum oder der Gemeinschaft zusätzliche Lebenskraft zugeführt werden sollte.

Haizähne und Kokosfasern – Kampfausrüstung vom Gilbert-Archipel, Mikronesien

Außergewöhnlich war die Ausrüstung, die von den Kriegern der Gilbert-Inseln bis ins 19. Jahrhundert getragen wurde. Als Schutz vor den mit scharfen Haifischzähnen besetzten Hieb- und Stichwaffen legten die Kämpfer eine Rüstung aus Kokosfasern an, die nach Ansicht mancher Forscher auf europäische oder japanische Vorbilder zurückgehen könnte. Sie bestand aus Hose, langärmeliger Jacke, Panzer, Helm und einem Bauchschutz aus Rochenhaut. Da die Krieger in dieser Ausrüstung sehr unbeweglich waren, schnell stürzten und sich nur schwer wieder aufrichten konnten, hatten sie zur Unterstützung leicht bekleidete, bewaffnete Sekundanten.

Krieger
Gilbert-Archipel, Mikronesien, Ozeanien, um 1900

Brustpanzer
Gilbert-Archipel, Mikronesien,
Ozeanien, 19. Jh.
Kokosfaser, Menschenhaar; H 95 cm
RJM 44635

Die den ganzen Körper bedeckende Schutzkleidung eines Kriegers von den Gilbert-Inseln bestand aus einer Achselhose und dazugehöriger Jacke; beide Teile wurden aus gezwirnten Kokosfaserschnüren in Knotentechnik hergestellt. Sie verliehen ein Gefühl von Unverwundbarkeit, schränkten allerdings die Beweglichkeit stark ein. Die wulstartig aufgebauten Helme waren so stabil, dass sie den mit Haifischzähnen besetzten Speeren und Schwertern standhielten.
Über Hose und Jacke wurde ein geflochtener Brustpanzer getragen. Dieser war mit einem hohen Rückenschild versehen, der angeblich Schutz vor Fehlwürfen aus den eigenen hinteren Reihen bieten sollte, wo Frauen und Kinder ihrerseits mit Steingeschossen zum Kampfgeschehen beitrugen. Die rautenförmigen Verzierungen aus schwarzem Frauenhaar hatten möglicherweise eine magische Schutzfunktion.

Mann mit Zeremonialschmuck
Abelam, Maprik-Region,
Nordostneuguinea, Ozeanien, 1971

Bei manchen Gruppen in Papua-Neuguinea kamen bei kriegerischen Auseinandersetzungen, aber auch bei zeremoniellen Auftritten, spektakuläre Attribute zum Einsatz, die von den Teilnehmern mit den Zähnen gehalten wurden. Einige dieser Objekte umrahmten das Gesicht mit einem Kranz aus Tierzähnen, andere hingen wie eine lange Zunge herab oder verbargen den Mund vollständig. Der Schmuck verfremdete das stark bemalte Gesicht und hatte Furcht einflößende Wirkung. Eine Schnur ermöglichte auch die Tragweise als Halsschmuck.

Mundschmuck
Abelam, Maprik-Region, Nordostneuguinea,
Melanesien, Ozeanien, 20. Jh.
Eberhauer, Nassaschnecken, Pflanzenfaser;
H 31 cm
RJM 58683

Mundschmuck
Huongolf-Region, Nordostneuguinea,
Melanesien, Ozeanien, um 1900
Muschelschale, Schildpatt, Pflanzenfaser;
B 15 cm
RJM 26233

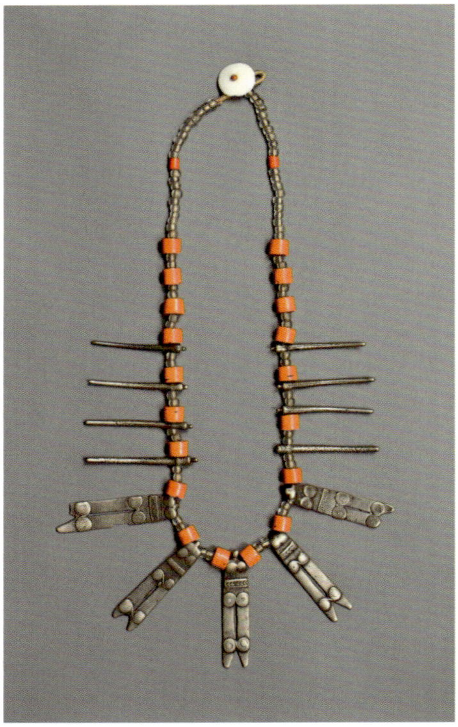

Kette
Nagaland, Indien, Südasien, 19. Jh.
Zinn, Glasperlen, Bergkristall; H 46 cm
RJM 55747

Diese Ketten, früher Statussymbole von Kopfjägern, sind mittlerweile sehr selten und gelten als kostbare Erbstücke. Ein Mann konnte erst heiraten, wenn er einen Kopf erbeutet oder an einem Kriegszug teilgenommen hatte, bei dem er mit Blut in Kontakt gekommen war. Dies stattete ihn mit zusätzlicher Lebenskraft aus, die er benötigte, um Kinder zu zeugen.

Kette
Nagaland, Indien, Südasien, 19. Jh.
Tigerzähne, Messing, Rotang; B 10 cm
RJM 55798

Anhänger mit Tigerzähnen, flankiert von Doppelspiralen aus Messing, zeichneten erfolgreiche Jäger aus. Die Potenz des Tigers ging auf den Träger über. Nach dem Glauben der Naga stammten Tiger und Mensch von derselben Mutter ab, waren also Geschwister. Die Erlegung eines Tigers hatte ähnlichen Stellenwert wie die Kopfjagd, und Tigerzähne standen in ihrer Bedeutung dem erbeuteten Schädel nahe.

Naga in Kriegstracht führen einen rituellen Tanz auf
Kuthur, Tuensang-Distrikt, Nagaland,
Indien, Südasien, 1991

Die Naga, eine Bevölkerungsgruppe im Grenzgebiet von Indien und Myanmar, waren einst gefürchtete Krieger; sie praktizierten bis ins 20. Jahrhundert die rituelle Kopfjagd als Teil der Initiationsriten und zur Vermehrung der Lebenskraft einer Dorfgemeinschaft. Der Kopf galt als Sitz der essenziellen Lebensenergie. Heutzutage sind die meisten Naga Christen. Die traditionelle Tracht der Kopfjäger wird noch bei Festen getragen.

Schmuckscheibe
West- oder Zentraltimor, Indonesien,
Südostasien, 20. Jh.
Vergoldetes Silber; D 15 cm
RJM 54075

Silberne, seltener goldene Schmuckscheiben zeichneten erfolgreiche Kopfjäger *meo* auf der Insel Timor aus. Sie wurden als Brustschmuck getragen und waren Teil einer umfangreichen Ausrüstung von speziellen Kleidungs- und Schmuckstücken, die ein Krieger nach seiner ersten erfolgreichen Kopfjagd anlegen durfte.

Der Meo von Bijeli
Fatumnutu (Bijeli), Westtimor, Indonesien,
Südostasien, 1935

Der inszenierte Abschied
Tod und Jenseits

Der Tod trifft jeden – als Sterblichen und Hinterbliebenen. Diese ›Urerfahrung‹ hat das Dasein und Denken der Menschheit entscheidend geprägt. Die unausweichliche Endlichkeit allen irdischen Daseins wirft existenzielle Fragen auf: Hat das Leben einen Wert an sich? Welchen Sinn hat der Tod? Gibt es eine Weiterexistenz nach dem Tod?

Der Tod ist eine Zäsur im Leben des Einzelnen und der Gemeinschaft, auch wenn er in den meisten Kulturen nicht als absolutes Ende, sondern eher als Übergang von einem Dasein im sichtbaren Diesseits zu einer Weiterexistenz in einem unsichtbaren Jenseits begriffen wird. Die unterschiedlichen Jenseitsvorstellungen sind entscheidend für den Umgang mit dem Tod; sie bedingen die Art des Bestattens, des Trauerns und des Erinnerns. Den Ahnen wird in vielen Kulturen eine besondere Wirkmacht zugesprochen. An der Grenze von Leben und Tod begleiten Rituale die Verstorbenen beim Übergang von der Welt der Lebenden in die Welt der Toten und helfen den Hinterbliebenen bei der Bewältigung der Krise.

Das Herz hat aufgehört zu schlagen, das Gehirn arbeitet nicht mehr, der Atem steht still – wann ist ein Mensch tot? In den Industrienationen haben sich die Grenzen des Todes durch die ›Errungenschaften‹ der Apparatemedizin in den letzten Jahrzehnten dramatisch verschoben. Aber auch in anderen Teilen der Welt wird ein Toter nach seinem letzten Atemzug nicht unbedingt als tot angesehen: Die Toraja auf der Insel Sulawesi in Indonesien sehen in ihren Verstorbenen ›Kranke‹, bis sie im Rahmen opulenter Feste traditionsgemäß bestattet sind. Das kann Jahre dauern, denn der Aufwand für eine statusgemäße Bestattung ist sehr hoch. Bei den Ngaju-Dayak in Zentralkalimantan auf der Insel Borneo ist der Abschluss der Verwesung ausschlaggebend für die dann endgültige Verabschiedung der längst Verstorbenen in das Reich der Ahnen. Auch auf Bali werden Tote oft erst einmal begraben; ihre Knochen aber müssen später verbrannt werden – nur so wird den Verstorbenen eine Wiedergeburt möglich. In Neuirland in Melanesien markieren große Gedenkfeste den ›endgültigen‹ Tod: Kunstvolle Schnitzwerke werden öffentlich präsentiert, wenn die Hinterbliebenen die oft schon jahrelang zuvor Verstorbenen feierlich verabschieden. Und in Mexiko gibt es die Vorstellung des ›lebendigen Leichnams‹, nach der die Toten eigentlich gar nicht tot sind, sondern weiterhin ihr gewohntes Leben ›leben‹, essen und trinken, arbeiten und ruhen, sich freuen und sich ärgern – ganz so wie früher, nur weiter weg.

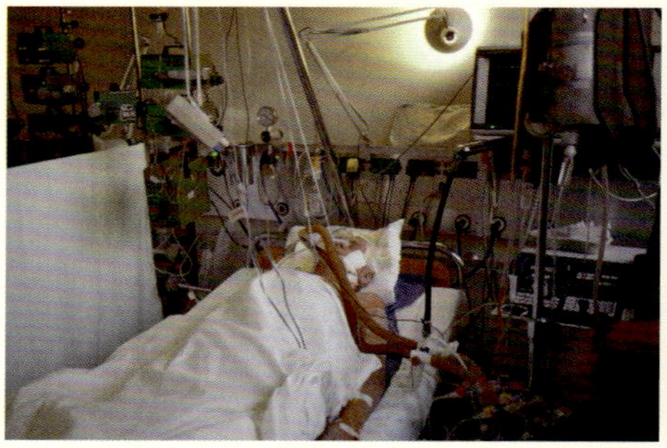

Intensivmedizinische Versorgung heute

Der Verlust eines nahestehenden Menschen löst überall auf der Welt Trauer, Tränen und Klagen bei den betroffenen Hinterbliebenen aus. Rituale kanalisie-

Klageweiber in Lunca,
Rumänien, Osteuropa, 1991

ren und generalisieren die Trauer des Einzelnen. Der kulturelle Kontext bestimmt die Art, die Intensität und die Dauer des Trauerrituals.

Wie mit den sterblichen Überresten eines Angehörigen verfahren wird, hängt von den jeweiligen religiösen Vorstellungen der Gemeinschaft ab, insbesondere von der Seelenkonzeption und Jenseitsvorstellung, nicht zuletzt auch von der Umwelt. Leichen werden – oft in besonders aufwendig gestalteten Särgen – in der Erde bestattet, in Höhlen, in Bäumen, sie werden in der Natur ausgesetzt und dort dem natürlichen Zerfall oder wilden Tieren überlassen. Bei der ›Himmelsbestattung‹ der Tibeter wird der Körper des Verstorbenen vom Leichenbestatter zerstückelt und anschließend den Geiern zum Fraß vorgeworfen. Anderswo kommt dem möglichst langen Erhalt des Körpers hohe Bedeutung zu: Im Alten Peru erfuhren die im Wüstensand beigesetzten Verstorbenen eine natürliche Mumifizierung; im Alten Ägypten galt die Konservierung des Körpers für das ›ewige Leben‹ als hohe Kunst. Die Art wie und der Aufwand mit dem Verstorbene von der Gemeinschaft versorgt und letztlich ›entsorgt‹ werden, richtet sich auch nach ihrem gesellschaftlichen Ansehen zu Lebzeiten sowie den wirtschaftlichen Ressourcen der Nachkommen. Hingegen wird Menschen, die gegen bestehendes Recht verstoßen haben, vielerorts die übliche Bestattung verweigert.

Bereits die Neandertaler bestreuten die Körper ihrer Toten mit Ocker. In manchen ihrer Grabstätten finden sich auch Hinweise auf Opfergaben. Dies legt die Existenz eines Glaubens an ein Leben nach dem Tod schon in der mittleren Altsteinzeit nahe. Grabbeigaben bezeugen über Zeit und Raum eine Jenseitsvorsorge seitens der Hinterbliebenen. So wurden in Gräbern Pferde, Wagen, Boote und Schuhe gefunden, die den Verstorbenen auf ihrer Reise ins Jenseits dienlich sein sollten. Nahrung und Getränke, persönliche Gegenstände und Diener sollten ihnen den Alltag in der anderen Welt erleichtern, kostbare Kleidung, Schmuck und Waffen ihren Status markieren und erhalten.

In vielen Kulturen ebnen Priester oder Schamanen mit ihren Ritualen den Weg ins Jenseits, den man sich meistens beschwerlich und gefahrvoll vorstellt: Es gilt weite Strecken zurückzulegen und dabei zum Beispiel reißende Gewässer, zerklüftete Gebirge oder auch riesige Feuersbrünste zu überwinden. Als

Lohn winkt ein Ort des Friedens und Wohlstands, an dem man die Menschen wieder trifft, die einem im Leben nahestanden. Besonders präzise und detaillierte Darstellungen der Jenseitsvorstellungen finden sich auf tibetischen Thangkas oder den Kultplanken der Ngaju-Dayak auf Borneo.

Auch nach dem ›endgültigen‹ Abschied reißt vielerorts der Kontakt der Hinterbliebenen zu ihren Toten nicht ab – zumindest solange es Nachkommen gibt, für die die Altvorderen eine wichtige Bezugsgröße darstellen. Dann gelten Ahnen, Urahnen, manchmal gar Gründerahnen der mythischen Urzeit weiter als Teil der Lebensgemeinschaft: Sie werden verehrt, bei allen wichtigen Entscheidungen um Rat gefragt, und in dem Wissen um ihre große Wirkmacht sucht man sich durch Opfergaben ihre Gunst zu sichern.

Familiengrabstätte auf dem Friedhof Melaten in Köln, Deutschland, 2009

Ein weiterer wesentlicher Bestandteil des Totenrituals ist das Erinnern. Vielerorts sind Steinsetzungen für verdiente Verstorbene überliefert. Der Friedhof als Erinnerungsort setzt diese Tradition bis heute fort. Eine Gegenentwicklung stellen die verschiedenen Formen der anonymen Bestattung in unserer Kultur dar. Virtuelle Friedhöfe im World Wide Web sind eine neue Variante einer individualisierten Erinnerungskultur, ebenso wie die – noch vereinzelte – ›Kristallisation‹ Verstorbener zu Diamanten, die von ihren Angehörigen am Hals oder Finger getragen werden. Kollektives Totengedenken praktizieren Christen alljährlich im November an Allerseelen. Bei uns ist es dann kalt und trüb, die Stimmung der an den Gräbern versammelten Angehörigen ist gedrückt, die Ehrfurcht vor dem Tod verlangt Stille. Ganz anders in Mexiko: Dort wird die Rückkehr der verstorbenen Familienmitglieder von Verwandten, Freunden und Nachbarn an den ›Tagen der Toten‹ fröhlich und genussvoll zelebriert. Der Friedhof verwandelt sich in ein Lichter- und Blumenmeer, die Seelen der Verstorbenen werden liebevoll empfangen und verwöhnt – mit ihren früheren Lieblingsspeisen, mit Naschwerk und kleinen Geschenken.

Der Tod ist allgegenwärtig, als Teil des Lebenszyklus gehört er zur menschlichen Existenz – überall auf der Welt. Mit welchen Erwartungen und Befürchtungen er empfangen wird, ist eine Frage der kulturellen Prägung. Bei den Griechen und Römern galt der Tod als heiterer Zwillingsbruder des Schlafes. Im christlichen Mittelalter mutierte er zur Schreckgestalt des ›Sensenmannes‹. Im

»Der Tod und das Mädchen«, Medaillon aus Ahornholz von Hans Schwarz, vor 1520

19. Jahrhundert wurde er zunehmend aus dem Alltag verdrängt, das 20. Jahrhundert hat ihn weitgehend tabuisiert. Alte Menschen oder Kranke starben früher zu Hause im Kreise der Familie und Dorfgemeinschaft. In den meisten Kulturen ist dies auch heute noch üblich. In den großen Industrienationen jedoch stirbt bereits die Mehrzahl der Menschen im Pflegeheim, Krankenhaus oder Hospiz. Und auch der Tote, der im Kühlraum auf seine Bestattung wartet, befindet sich, fast zur ›Sache‹ degradiert, außerhalb jeder menschlichen Gemeinschaft.

Der moderne Mensch hat es verlernt, mit dem Tod zu leben. Althergebrachte Totenrituale haben ihren Sinn weitgehend verloren. Und so hat sich der Umgang mit dem Tod professionalisiert und wird zunehmend an den Bestatter, Trauerbegleiter, Trauerredner delegiert. Aber der verdrängte Tod beunruhigt und ängstigt mehr denn je, und ungelebte Trauer blockiert das Leben. Am Beginn des 21. Jahrhunderts artikuliert sich hier zunehmend der Wunsch nach einer ›Humanisierung‹ des Todes.

Bestatten Grablegung

Spezielle Örtlichkeiten, wie Friedhöfe, Mausoleen oder Höhlen, dienen – manchmal über Jahrhunderte – zur Bestattung der Verstorbenen. Unterschiedlich geartete Särge, Ossuare oder Urnen schützen die sterblichen Überreste und bezeugen, ebenso wie die Grabstellen, den Rang der Verstorbenen.

Auf dem Wasserbüffel ins Totenreich – Totenbegräbnis in Tana Toraja, Südsulawesi, Indonesien

Die Toraja leben heute mehrheitlich als Christen. Ihr traditionelles Bestattungsritual aber existiert weiter, wobei Elemente des christlichen Rituals integriert wurden. Nur ranghohen Adeligen stehen aufwendige Totenfeiern zu, welche die Nachkommen nicht selten in den finanziellen Ruin treiben. Während der Vorbereitungen für das siebentägige Ereignis gilt der Tote als ›krank‹ und wird weiter zu Hause als Familienmitglied betreut – oft über Monate oder gar Jahre.
Zum Fest sind der gesamte Familienverband und Hunderte Gäste geladen. Sie werden feierlich empfangen, großzügig bewirtet und in speziell errichteten Unterkünften beherbergt. Ihre Gastgeschenke – Wasserbüffel, Schweine, Getränke, Zigaretten – werden genau registriert, denn Nehmen verpflichtet. Die größte Wertschätzung erfährt die Gabe eines *saleko*, eines weißen Wasserbüffels, dessen Rücken regelmäßig verteilte schwarze Flecken zieren. Auf dem Festplatz, der bald in Blut schwimmt, werden die Opfertiere von Spezialisten getötet und zerlegt. Schließlich wird die Leiche bestattet, früher in Familiengrabkammern, die in steil abfallende Felswände gehauen wurden, heute auch in Höhlen und zunehmend auf Friedhöfen.

›Kranker‹ Verstorbener
Tana Toraja, Südsulawesi, Indonesien, Südostasien, 2007

Bis zur Totenfeier wird der Tote im Stammhaus seines Familienverbandes aufgebahrt und versorgt.

Blutgetränkter Festplatz
Paniki, Tana Toraja, Südsulawesi, Indonesien, Südostasien, 2007

Zahlreiche Wasserbüffel werden beim Tod eines Adligen geopfert.

Familiengrabstätte
Lokomata, Tana Toraja, Südsulawesi, Indonesien, Südostasien, 2007

Holztüren, welche die in steile Felswände gehauenen Grabkammern verschließen, ziert häufig das *pa'tedong* genannte Büffelkopfmotiv.

Sarg *erong* mit Deckel in Hausdachform
Sa'dan Toraja, Südsulawesi, Indonesien, Südostasien, 19. Jh.
Hartholz; L 214 cm
RJM 54804, 55376

Früher wurden die Toten ranghoher Familien in kunstvoll beschnitzten, massiven Holzsärgen bestattet, die man unter Felsüberhängen in ›Totendörfern‹ versammelte. Der obersten Klasse standen Särge in Hausform zu, der mittleren solche in Büffelgestalt. Um Plünderungen der Grabbeigaben durch Eindringlinge aus den Küstenregionen zu beenden, begann man vor etwa zweihundert Jahren mit der Anlage von Familiengrabkammern in steil abfallenden Felswänden. Verbreitet sind auch Höhlenbestattungen; die neueste Entwicklung stellt das moderne Betonmausoleum dar.

Moderne Familiengrabstätten
Kete Ke'su, Tana Toraja, Südsulawesi, Indonesien, Südostasien, 2007

Sarg *erong* in Form eines Wasserbüffels
Sa'dan Toraja, Südsulawesi, Indonesien, Südostasien, 19. Jh.
Hartholz; L 250 cm
RJM 55376

Die geschnitzten Ziermotive entsprechen denen an den Wohnhäusern und Reisspeichern der Adligen und finden sich auch auf vielen Textilien im Familienschatz.

Patola (Ausschnitt)
Gujarat, Indien, Südasien, 19. Jh.
Seide; L 460 cm
RJM 62981

Die Patolen, seidene Doppelikattextilien aus Gujarat, galten im gesamten indonesischen Archipel als besonders kostbar; ihr Besitz und ihre Ornamentik waren dem Adel vorbehalten.

Zeremonialtextil (Ausschnitt)
Gujarat, Indien, Südasien, 16. Jh.
Baumwolle; L 461 cm
RJM 55187

Indische Baumwolltücher mit kreisförmig angeordneten Gänsen waren anscheinend im 16. Jahrhundert ein Exportschlager, da sich viele solcher Exemplare bei den Toraja erhalten haben.

Ikattextil (Ausschnitt)
Rongkong-Gebiet, Südsulawesi, Indonesien, Südostasien, 19. Jh.
Baumwolle; L 502 cm
RJM 51735

Die langen, in arbeitsintensiven Prozessen hergestellten Tücher mit geometrischer Ikatmusterung werden mittlerweile im Rongkong-Gebiet nicht mehr hergestellt. Sie dienten adligen Verstorbenen als letzte Hülle. Bei den Totenfesten der Toraja kamen früher zahlreiche Textilien zum Einsatz: Lange Banner mit plakativen Mustern verkündeten das Ereignis oder grenzten rituelle Räume ab. Hochrangige Verstorbene, die in viele Lagen weißen Baumwollstoffs gewickelt wurden, erhielten ein Ikattuch als letzte Umhüllung. In verschiedenen Regionen des Toraja-Gebietes wurden spezifische Zeremonialtücher angefertigt, deren Musterungen auf Reservetechniken beruhen. Viele Ornamente – wie Spiral- und Hakenmotive – finden sich auch in der Schnitzkunst wieder, so auf den Wandungen der Särge oder den Planken der Wohn- und Speicherhäuser. Jahrhundertelang bezogen die Toraja auch aus Indien kostbare Tücher aus Seide und Baumwolle. Diese wurden nur zu besonderen Anlässen verwendet.

In Kulturen, die von der Wiedergeburt der Seele ausgehen, wird der Leichnam zerstückelt oder verbrannt, um die Seele dem Kreislauf des Lebens wieder zuzuführen. Eine letzte Ruhestätte kennt man hier nicht.

Der Weg zur Wiedergeburt – Totenverbrennung auf Bali, Indonesien

In der islamisch geprägten Republik Indonesien nimmt die Insel Bali eine Sonderstellung ein. Über 90 Prozent ihrer Bewohner sind Anhänger des Hinduismus balinesischer Ausprägung: Agama Hindu Bali.

Für die Balinesen ist die Totenverbrennung die wichtigste Zeremonie im Leben. Oft werden Tote zunächst beerdigt, nach Monaten oder Jahren aber muss die aufwendige Verbrennungszeremonie stattfinden. Dann werden die sterblichen Überreste unter großer Anteilnahme von Verwandten, Freunden und Nachbarn auf einem prächtig geschmückten Traggestell zum Verbrennungsplatz überführt. Dort übergibt sie der Priester in einem meist tierförmigen Sarkophag dem Feuer. Nur ein Häufchen Asche bleibt übrig, aus dem die Angehörigen sorgfältig die Knochenasche auslesen, die nach weiteren Reinigungszeremonien in ein fließendes Gewässer gestreut wird.

Nur die vollständige Auflösung des Körpers in Feuer und Wasser befreit die Seele, die schließlich in die höchste Sphäre eingeht, um später einmal im Kreise der Blutsverwandten wiedergeboren zu werden.

Angehörige mit der Knochenasche
Ubud, Bali, Indonesien, Südostasien, 1996

Aus der Knochenasche formen die nächsten Verwandten ein Abbild des Verstorbenen.

Brennender Stiersarkophag
Ubud, Bali, Indonesien, Südostasien, 2005

Hohe Priester stellen die oberste der vier Kasten auf Bali. Sie gelten als spirituell rein und dürfen nicht beerdigt werden. Ihre Seelen steigen direkt nach dem Tod auf zu Gott Shiva, der auf Nandi, dem weißen Stier, reitet. Deshalb werden sie in einem weißen Stiersarkophag verbrannt. Verbrennungssarkophage für Angehörige der anderen Kasten sind als Drachen, Löwen oder Mischwesen gestaltet. Die große Mehrheit der Balinesen gehört der untersten Kaste an und kann sich nur sehr bescheidene Verbrennungszeremonien leisten.

Prozession zum Verbrennungsplatz
Ubud, Bali, Indonesien, Südostasien, 2005

Während der von Musikern, Tänzern und Hunderten Menschen begleiteten Prozession beschützen Priesterkollegen den in weiße Tücher gehüllten Leichnam auf dem Lotosthron.

Weißer Stiersarkophag *patulangan lembu putih*
Hergestellt für das Rautenstrauch-Joest-Museum von I Ketut Budiana, Ubud, Bali, Indonesien, Südostasien, 2006
Holz, Baumwolle, Stoff, Papier; H 387 cm
Erworben mit Mitteln der Kölner Kulturstiftung der Kreissparkasse Köln
RJM 62588

Lotosthron *padmasana*
Hergestellt für das Rautenstrauch-Joest-Museum von I Ketut Budiana, Ubud, Bali, Indonesien, Südostasien, 2006
Holz, Bambus, Leder, Papier; H 390 cm
Erworben mit Mitteln der Kölner Kulturstiftung der Kreissparkasse Köln
RJM 62568

Ein meterhoher Lotosthron dient der Überführung der Leiche eines hohen Priesters von seiner letzten Wohnstatt zum Verbrennungsplatz. Der Thron ist in Weiß und Gelb, den Farben von Gott Shiva, gehalten. Dutzende Männer werden zum Tragen benötigt.
Das Fundament des Lotosthrons bildet die Schildkröte Bedawang, die im Glauben der Balinesen ihre Insel auf dem Rücken trägt. Um sie herum winden sich die beiden königlichen Weltenschlangen Anantabhoga und Basuki; sie hindern Bedawang an heftigen Bewegungen und verhindern damit Erdbeben.
Die Darstellung verweist auf die hinduistische Urzeitmythe vom »Quirlen des Milchozeans«, nach der die Götter einst den Nektar der Unsterblichkeit aus den Tiefen des Urmeeres begehrten. Der riesige Weltenberg Mandara diente als Quirlstock, die Schlange Vasuki als Quirlstrick, mit dem die Götter und Dämonen den Berg in Rotation versetzten. Doch bald schon drohte dieser zu versinken. Da verwandelte sich Vishnu in eine Schildkröte, tauchte unter den Berg und stützte ihn. Nach einiger Zeit trennten sich die flüssigen und festen Bestandteile der Milch, und aus der Tiefe stieg der Nektar der Unsterblichkeit empor.

Präsentation der Tierembleme
Ubud, Bali, Indonesien, Südostasien, 2006

Monatelang arbeitete der Künstler I Ketut Budiana (links) mit seinem Bruder an der Herstellung und Verzierung des Lotosthrons.[1]

Zweitbestattungen dienen neben der endgültigen Verabschiedung des Verstorbenen ins Totenreich der Reorganisation der sozialen Ordnung nach einem großen Verlust und der Festigung der Solidarität unter den Hinterbliebenen.

Priestergesänge zum Seelengeleit – Knochenumbettung bei den Ngaju-Dayak in Zentralkalimantan, Borneo, Indonesien

Die Ngaju-Dayak – heute mehrheitlich Christen – leben entlang der Flussläufe in der Provinz Zentralkalimantan im Süden der Insel Borneo. Drei bis vier Tage nach Eintritt des Todes wird der Leichnam eines Verstorbenen in einem Sarg auf dem Friedhof in der Nähe des Dorfes erdbestattet. Eine der vier Totenseelen verweilt zunächst im Grab, zwei weitere geleitet der Priester rituell auf die zweite und dritte Himmelsstufe, die vierte Totenseele begibt sich auf direktem Weg in das Totendorf auf der siebten Himmelsstufe.
Erst wenn der Leichnam vollständig verwest ist und den Nachkommen genügend Mittel zur Verfügung stehen, wird die aufwendige Zweitbestattung durchgeführt. Dann versammeln sich Verwandte, Nachbarn und Freunde zu dem 33 Tage währenden großen Totenfest *tiwah*. Aus Kostengründen werden heute vielfach mehrere Verstorbene in einer gemeinsamen Zeremonie zweitbestattet. Zunächst werden die Schädel und Knochen ausgegraben, rituell gereinigt und in die Familiengebeinhäuser umgebettet. Dann kommen die Totenseelen zurück ins Dorf, um endgültig Abschied zu nehmen.
Viele Nächte lang rezitieren Priester die komplexen Schöpfungsmythen, bevor sie Tempon Telon, das Oberhaupt der *sangiang* genannten Geister der Oberwelt, bitten, die Totenseelen abzuholen und sicher in das Totendorf zu geleiten. Mit ihren Gesängen flankieren die Priester die gefahrvolle Reise. Im Totendorf vereinigen sich die vier Totenseelen wieder, und die Verstorbenen erlangen das ewige Leben im Kreise ihrer Vorfahren.

Priester beim Totenritual
Kuala Kurun, Zentralkalimantan, Borneo, Indonesien, Südostasien, 2007

Nächtelange Rezitationen heiliger Texte begleiten die Seelen der verstorbenen Ngaju-Dayak ins Totendorf.

Seelendorfdarstellung
Zentralkalimantan, Borneo, Indonesien, Südostasien, um 1935

Priester der Ngaju-Dayak präsentieren eine Holzplanke mit der Darstellung eines Seelendorfes.

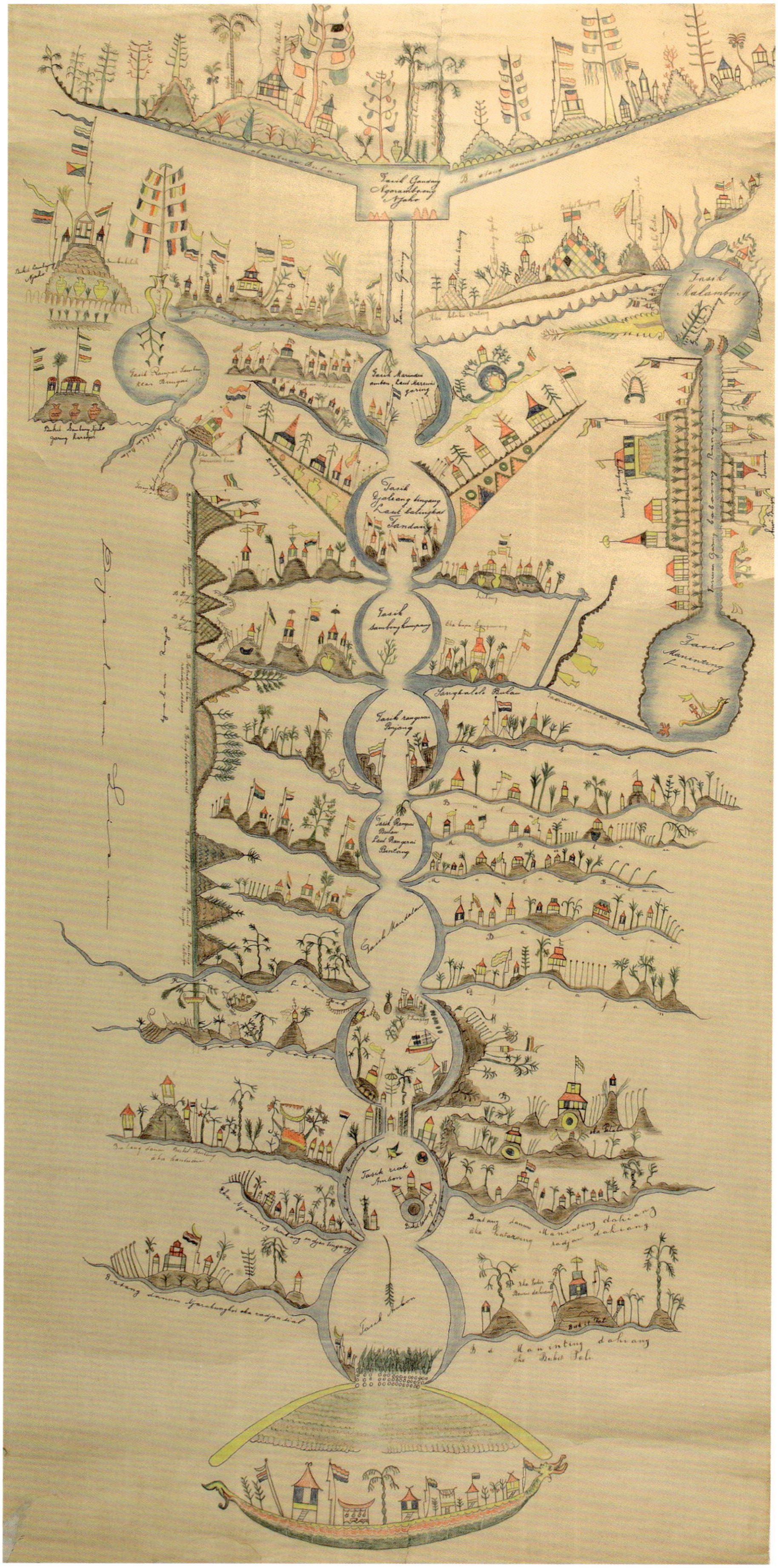

Darstellung des Weges der Totenseele in die Oberwelt

Ngaju-Dayak, Zentralkalimantan, Borneo, Indonesien, Südostasien, vor 1911
Buntstiftzeichnung auf Papier; H 146 cm
RJM 51988

Über der Mittelwelt, dem Lebensraum der Menschen, wölbt sich das vielfältige Firmament, durch das der Weg in die Oberwelt führt. Dort wohnen die *sangiang*, Geister mit übernatürlichen Kräften, die den Menschen bei der Bewältigung von Herausforderungen aller Art hilfreich zur Seite stehen. Ganz oben steht auf einem Berg das prächtige Schloss des Herrschers der Oberwelt, der in Gestalt des Nashornvogels in Erscheinung tritt. Die Totenseele durchmisst zahlreiche Gewässer, überwindet etliche Gebirge und begegnet dabei großen Gefahren, bis sie ihre endgültige Bleibe, das Dorf der Toten, erreicht.
Komplexe Zeichnungen dienten den Priestern während der nächtelangen Rezitationen heiliger Texte beim Seelengeleit als Erinnerungsstütze. Sie wurden gewöhnlich auf große Holzbretter aufgetragen. Auf Anregung des rheinischen Missionars Philipp Zimmermann, der Anfang des 20. Jahrhunderts bei den Ngaju-Dayak lebte, übertrugen Priester sie mit Buntstiften auf Papier.

Darstellung eines Seelenschiffes
Ngaju-Dayak, Zentralkalimantan, Borneo, Indonesien, Südostasien, vor 1911
Buntstiftzeichnung auf Papier; B 65 cm
RJM 51991

Es handelt sich um das Seelenschiff für einen großen Häuptling. Dieser war einst ein berühmter Kopfjäger. Die Seelen der acht von ihm Getöteten – ihre Köpfe hängen an der Decke der Kajüte – werden mit ihm gemeinsam ins Jenseits überführt. Tempon Telon, mythischer Kopfjäger der Oberwelt und stärkster *sangiang*, führt das Seelenschiff ins Totendorf; prächtig gekleidet und bewaffnet steht er in der Kajüte.

Krug *martavan*
Ngaju-Dayak, Zentralkalimantan,
Borneo, Indonesien, Südostasien, 19./20.Jh.
Keramik; H 84 cm
RJM 54120

Krüge dieser Art gehören bis heute zum wertvollen Familienschatz. Sie dienten früher als Vorratsbehälter, Zahlungsmittel und Grabbeigabe; im religiösen Weltbild der Dayak fungieren sie auch als Seelenbehälter für die Jenseitsreise oder Ossuar für die Sekundärbestattung.
Das Drachenschlangenmotiv verweist auf die Göttin der Unterwelt. Glasierte Keramikkrüge mit Drachendekor sind in China seit dem 4. Jahrhundert nachgewiesen. Auf Borneo wurden sie seit dem 16. Jahrhundert gehandelt.

Zwei anthropomorphe Figuren
Ngaju-Dayak, Zentralkalimantan, Borneo,
Indonesien, Südostasien, 19. Jh.
Eisenholz; H 120 cm, H 107 cm
RJM 44655, 44654

Es handelt sich vermutlich um Repräsentanten eines männlichen und eines weiblichen Opfersklaven, die Betelkästen in ihren Händen tragen.
Verstorbene Ngaju-Dayak, denen die wohlhabende Nachkommenschaft ein *tiwah* ausrichtet, erwartet im Totendorf ein sorgenfreies Dasein. Früher standen geopferte Sklaven ihrer Herrschaft im Jenseits weiter zu Diensten. Nach dem Verbot von Menschenopfern Ende des 19. Jahrhunderts wurden Repräsentanten aus Holz geschnitzt. Arme Verstorbene werden bei den *tiwah*-Festen mitbedacht und gelangen so ebenfalls ins Totendorf.

Weiterleben

Unter den Vorstellungen von einem Leben nach dem Tod ist die Idee vom Jenseits als Abbild der hiesigen Welt weit verbreitet. Grabbeigaben sorgen dafür, dass die Verstorbenen auf ihrer Reise ins Jenseits nicht darben müssen und dort ein ihrem Status angemessenes ›Leben‹ führen können.

Kunstwerke in Gold, Ton und Textil – Grabbeigaben aus Peru

Entlang der Küste Perus haben sich Gräber mit organischem Material aus verschiedenen Kulturepochen nahezu unversehrt bis heute erhalten. Die Moche (ca. 1.–8. Jh.), Sicán (ca. 8.–14. Jh.) und Chimú (ca. 1100–1470) lebten in den fruchtbaren Flusstälern an der Nordküste. Durch ein ausgeklügeltes Bewässerungssystem und intensive Landwirtschaft waren sie zu großem Wohlstand gelangt. Davon künden vor allem die kostbaren Beigaben in den Gräbern der Elite, die auch im Jenseits den Status der Verstorbenen anzeigen.

Geplünderte Grabstätte
Südküste Peru, Südamerika, 1992

Porträtgefäß
Moche IV, Peru, Südamerika, ca. 400
Gebrannter Ton, Farbe; H 27 cm
RJM 47382

Die Moche sind bekannt für ihre realistische Darstellungskunst. Das Gefäß zeigt das lebensnahe Porträt eines Mannes, möglicherweise eines Herrschers oder Priesters.

Maske
Nördliche Küste Peru, Südamerika
Mittlere Sicán-Phase, 900–1100
Gold, Türkis; H 26,7 cm
DL 861

Mitglieder der Elite wurden oftmals mit aus Goldblech getriebenen Masken bestattet, die an den Leichenbündeln befestigt waren. Die nur noch in Spuren vorhandene rote Farbe besteht aus Zinnober. Zerriebener Zinnober wurde auch in den Grabkammern und auf anderen Beigaben gefunden.

Lendentuch
Chimú, Peru, Südamerika, um 1300–1370
Kamelidenwolle, Baumwolle; H 408 cm
RJM 47379

Die dreidimensional gearbeitete Verzierung auf dem Lendentuch zeigt Pflanzen mit Blüten und Früchten aus umwickelten Fadenbüscheln an blauen und gelben Stegen. Vielleicht sind es Darstellungen von Nutzpflanzen, die im hochentwickelten Bewässerungsfeldbau der Chimú angebaut wurden und in besonderer Beziehung zu dem Verstorbenen standen.
Die Küstenkulturen Perus schätzten Textilien höher als Objekte aus Gold und Silber. Grabbeigaben in Form prächtiger Gewebe deuten immer auf einen hochrangigen Verstorbenen. Technik, Farbe und Motivwahl hatten symbolische Bedeutung. Die Web- und Ziermaterialien stammen aus weit auseinanderliegenden Regionen: Baumwolle wurde in den Flusstälern der Küste angebaut, Wolle von Alpaka, Lama und Vicunja stammt dagegen aus dem Hochland. Die textilen Techniken sind in ihrer Vielfalt kaum zu übertreffen und teilweise einzigartig.

Einflussnehmen

Ahnenglaube und -verehrung zeugen von der engen Verbindung, in der Menschen – oft über viele Generationen und weitverzweigte Verwandtschaftslinien hinweg – zu ihren Vorfahren stehen. Die Ahnen gelten vielerorts als machtvolle Instanzen, die Einfluss auf die Geschicke ihrer Nachkommen ausüben.

Wirkmächtige Vorfahren – Ahnenverehrung in Indonesien und Nigeria

In vielen Gesellschaften, in denen die Abstammung eine wichtige Rolle spielt, bilden die Ahnen den Bezugspunkt der kulturellen Identität. Traditionelle Verhaltensweisen orientieren sich an ihrem Vorbild. Ahnen gelten als Teil der Gemeinschaft und sorgen für Wohlergehen und Fruchtbarkeit; sie können aber auch Krankheit, Missernten und Kinderlosigkeit bewirken, wenn gegen Recht und Sitte verstoßen wird. Mit persönlicher Ansprache und Opfergaben versuchen die Nachkommen sich ihrer Gunst zu versichern. Diese wechselseitige Beziehung und Abhängigkeit ist von zentraler Bedeutung, weil aus ihr Stabilität im Diesseits und Jenseits erwächst.

Schutzgewährende Ahnenfiguren
Nias, Indonesien, Südostasien, 1929

Solche Figuren standen im Eingangsbereich der Häuser von Dorfoberhäuptern vornehmlich in Süd-, aber auch in Zentralnias.

Ahnenfigurenreihe
Nordnias, Indonesien, Südostasien, 19. Jh.
Holz, Textil, Rotang; H 36 cm
EJM 37600

Acht Figuren unterschiedlicher Größe und beiderlei Geschlechts finden sich hier als Abkömmlinge des Gründerahns eines Familienverbandes zu einer Reihe zusammengefügt. Sie tragen Kronen, die ihren hohen Status bezeugen. Früher hingen sie in großer Zahl an den Wänden des Gemeinschaftsraums im Wohnhaus, von wo aus sie über das Wohlergehen ihrer Nachfahren wachten.

Aus dem Norden der Insel stammen die meisten Ahnenfiguren. Dort stand jedem Verstorbenen ein eigenes geschnitztes Abbild zu. Überliefert ist eine drastische Beschreibung des Missionars Krämer aus dem Jahr 1890, nach der die Wände der Wohnhäuser dermaßen mit Ahnenfiguren behängt waren, dass die Räume dadurch viel kleiner und dunkler wirkten; man ließ sie so lange dort hängen, bis das Gebäude über ihnen zusammenbrach![2]

Weibliche Ahnenfigur mit Kind
Babar-Archipel, Südliche Molukken,
Indonesien, Südostasien, 19. Jh.
Holz, Textil, Perlmutt; H 14 cm
RJM 36469

Dargestellt ist eine Mutter mit Kind in einem Boot. Das Boot repräsentiert den Leib der Frau, in dem neues Leben entsteht. Das kleine Kunstwerk ist somit eine zweifache Metapher für Fruchtbarkeit.

Männliche Ahnenfigur
Leti, Südliche Molukken, Indonesien,
Südostasien, 19. Jh.
Holz; H 34 cm
RJM 24428

Auf der Insel Leti wurde nach dem Tod eines Familienmitglieds ein Spezialist damit beauftragt, eine Ahnenfigur zu schnitzen. Man glaubte, dass Verstorbene das Totendorf verlassen konnten, um als ›Schattenseelen‹ mit ihren Familien in Kontakt zu treten, wenn diese ihnen Opfergaben darbrachten. Die geschnitzten Figuren auf den Altären im Dachstuhl der Wohnhäuser boten den ›Schattenseelen‹ eine temporäre Wohnstatt.
Während weibliche Ahnen mit hohem Status von der Insel Leti stets sitzend und mit gekreuzten Beinen dargestellt sind, hocken männliche mit hochgezogenen Knien, auf denen die gekreuzten Arme ruhen. Für Verstorbene von einfachem Stand galt diese Regel nicht – sie stehen.

Urahnenpaar
Serili, Marsela, Babar-Archipel, Südliche Molukken, Indonesien, Südostasien, 19. Jh.
Holz; H 132 cm, H 122 cm
RJM 36517, 36518

Dargestellt sind ein Kriegsherr und seine Frau, die als Urahnenpaar bis 1913 den Eingang ihres Dorfes Serili auf der Insel Marsela bewachten. Ursprünglich trug die männliche Figur ein Schwert in ihrer rechten Hand.

Der Berliner Ethnologe Wilhelm Müller integrierte die beiden Skulpturen in seine Sammlung, die er im Auftrag mehrerer deutscher Völkerkundemuseen während seiner Reise auf die Molukken 1912–14 anlegte.

Zwillingsfiguren *ibeji*
Yoruba, Nigeria, Westafrika, 20. Jh.
Holz, Perlen; H 24 bis H 34 cm
RJM 48725, 48722, 46101, 46129, 53416, 48723, 48724, 48721, 47884, 47885

In weiten Teilen Afrikas weist man Zwillingen besondere Kräfte zu – so auch bei den Yoruba. Sie können diejenigen schützen und beglücken, die sie ehren, aber auch jene strafen und mit Krankheit schlagen, die sie vernachlässigen.
Man geht davon aus, dass ein Zwillingspaar eine gemeinsame Seele besitzt. Stirbt ein Zwilling, wandert die Seele rastlos zwischen Diesseits und Jenseits umher. In Absprache mit einem Priester lassen die Eltern ein Figürchen schnitzen, das sie wie den verstorbenen Zwilling zu Lebzeiten behandeln: Es wird gekleidet, gefüttert, gewaschen und getragen. Dies soll den Verstorbenen ehren und verhindern, dass er den noch lebenden Zwilling nachholt.

Ehren

Der Tod vergegenwärtigt jäh die Bedeutung eines Verstorbenen. Totenfeiern bieten einen rituellen Rahmen, um die durch den Tod gerissene Lücke in der Gemeinschaft zu schließen und den Verstorbenen ehrenvoll zu verabschieden.

Zum Abschied ein Fest – Totenehrung in Neuirland, Melanesien

Im Norden Neuirlands richten die Menschen zur Ehrung verstorbener Verwandter Jahre nach deren Tod und Bestattung ein *malagan* aus, eine aufwendige, sich über mehrere Tage bis Wochen erstreckende Gedenkfeier, an der neben den Angehörigen oft Hunderte von Gästen teilnehmen. Schon Monate vor dem Ereignis beginnen spezialisierte Schnitzer mit der Herstellung kunstvoller, meist in Durchbruchtechnik gearbeiteter Skulpturen – Figuren, vertikale Bildsäulen und horizontale Friese –, die auf dem Höhepunkt des Festes in eigens errichteten Schauhütten ausgestellt werden und an die seit der letzten Feier Verstorbenen erinnern. Die Bildwerke vereinen Menschengestalten, Motive aus der Tier- und Pflanzenwelt und abstrakte Muster, deren genaue Bedeutung im Detail nicht immer feststeht.

Die Figuren stellen Bildnisse von Toten im Allgemeinen dar, das heißt, sie gelten nicht als Abbilder der Verstorbenen, die mit der Feier geehrt werden. Jeder Klan besitzt seine eigene Gruppe von Motiven. Mit dem *malagan* werden die ›Toten beendet‹, wie es in Neuirland heißt: Sie werden endgültig in das Totenreich verabschiedet. Nach Abschluss des Festes haben die Skulpturen ihren Zweck erfüllt und werden der Verrottung preisgegeben, zerstört oder an Außenstehende verkauft.

Malagan-Feiern sind bis heute von zentraler Bedeutung in den verwandtschaftlich organisierten Gesellschaften Nord-Neuirlands. Hier kommen die Mitglieder verschiedener Klane zusammen, und das Fest bildet den Rahmen für den öffentlichen Akt, mit dem die klangebundenen Rechte an spezifischen *malagan*-Motiven an die nächste Generation weitergegeben werden. Zugleich verschafft die Ausrichtung einer *malagan*-Feier dem Veranstalter Prestige und Ansehen in der Gemeinschaft.

Menschliche Figur
Nördliches Neuirland, Melanesien, Ozeanien, um 1900
Holz, Verschlussdeckel der Turbo-petholatus-Schnecke, Wachs; H 83 cm
RJM 48260

Maske
Nördliches Neuirland, Melanesien,
Ozeanien, um 1910
Holz, Verschlussdeckel der Turbo-petholatus-Schnecke, vegetabile Materialien; H 152 cm
RJM 40075

Im Verlauf der *malagan*-Feiern treten verschiedene Masken auf, denen jeweils spezifische Aufgaben zufallen. Große, schwere Masken mit Seitenflügeln erscheinen in der letzten Phase der Feiern, um die nach dem Tod eines Menschen verhängten Tabus wieder aufzuheben. Nach dem Auftritt werden die Masken in einer Schauhütte ausgestellt.

Fries
Nördliches Neuirland, Melanesien,
Ozeanien, um 1910
Holz, Verschlussdeckel der Turbo-petholatus-Schnecke, vegetabile Materialien; B 149 cm
RJM 13281

Gedenken

Tod und Bestattung bedeuten nicht immer ein Ende der Verbindung zwischen Lebenden und Toten. Neben Ahnenkult oder Erinnern im Familienverband gibt es vorwiegend im Christentum offizielle jährliche Gedenktage für die Toten.

Zuckerschädel und Skelette – Das Totenfest in Mexiko

Das Totenfest Anfang November bildet den Höhepunkt des mexikanischen Festkalenders. Dann besuchen die Seelen der Verstorbenen die Häuser ihrer Verwandten, um mit ihnen zu essen, zu trinken und zu feiern. Ein reich geschmückter Gabentisch soll die Seelen erfreuen. Symbole des Todes wie etwa aus Zucker gefertigte Skelette oder Totenschädel sind allgegenwärtig. Eine Nacht verbringt die ganze Familie auf dem Friedhof. In den Zeremonien verbinden sich Elemente des präkolumbischen Totenkultes mit solchen des mittelalterlichen Spaniens.

Totenfest auf dem Friedhof
Mixquic, Mexiko, Mittelamerika, 2005

Apokalypse
Mexiko, Mittelamerika, 20. Jh.
Pappmaché; H 57,5 cm
RJM 50739

Anlässlich des Totenfestes wird eine Fülle von ›Volkskunst‹ angefertigt, deren Thematik hauptsächlich um den Tod kreist – manchmal ist sie karikierend, manchmal makaber und oftmals von großer Ausdruckskraft.
Hier jagen die apokalyptischen Reiter vereint auf einem zum Skelett abgemagerten Pferd einher.

Vielfalt des Glaubens
Religionen

Woher kommt der Mensch? Und wohin geht er? Existiert eine höhere Macht, die sein Geschick leitet? Gibt es ein ›Leben‹ nach dem Tod? – Seit Urzeiten versucht der Mensch, Antworten auf existenzielle Fragen wie diese zu finden. Auf der Suche nach dem Wesen des Seins beschäftigen ihn vor allem die Phänomene, die über seine sinnliche Erfahrung hinausweisen.

Die religiöse Dimension ist Teil des Menschen – nur der Mensch besitzt das Verlangen und die Fähigkeit zu Spiritualität, zum Glauben an überweltliche Kräfte oder Mächte, die in seinem Leben und im Universum wirken. Im Laufe ihrer Geschichte entwickelte die Menschheit eine Vielzahl religiöser Vorstellungen, die letztlich nichts weniger als die Welt zu erklären und den Sinn des Seins zu ergründen suchen. Sie bieten Möglichkeiten, das eigene Leben in einen größeren Sinnzusammenhang zu stellen und sich mit der Endlichkeit der eigenen Existenz zu arrangieren. Sie stärken das Selbstvertrauen und fördern die Solidarität. Religion prägt als fundamentaler Ausdruck des Weltverständnisses das Denken und Verhalten von Individuen und Gemeinschaften überall auf der Welt.

Das Verständnis von ›Religion‹ ist kulturell geprägt. In der westlichen Welt leitet sich der Begriff ›Religion‹ vom Lateinischen *religio* ab und wird gemeinhin übersetzt mit ›Rück-Bindung‹ an ein persönlich oder unpersönlich gedachtes transzendentes Ordnungsprinzip, das ›Göttliche‹ oder ›Gott‹. Alle Religionen gehen davon aus, dass die natürliche Welt übernatürlichen Ursprungs ist. Heilsentwürfe, Verhaltenscodices, überlieferte Symbolsysteme und Rituale verbinden Gläubige. Die vergleichende Religionswissenschaft unterscheidet – nicht sehr trennscharf – zwischen ›Universalreligionen‹ und ›Volksreligionen‹. Die großen ›Universalreligionen‹ wie Christentum, Islam, Buddhismus, Hinduismus und Judentum – haben Gültigkeit für Angehörige verschiedener Völker und Kulturen und weisen weltweit Anhänger in dreistelligen Millionenzahlen auf. Daneben existieren zahlreiche Glaubensrichtungen auf lokaler Ebene mit kleinen Anhängerzahlen.

Die europäische Aufklärung hat die religiöse Grundorientierung bei uns nur scheinbar erschüttert: In der Nachfolge von Ludwig Feuerbach und Sigmund Freud sehen viele Menschen Religion als Illusion und ›Gott‹ nur mehr als Projektion, die psychische Entlastung angesichts der von Katastrophen aller Art gebeutelten Welt bieten. Die Existenz ›Gottes‹ lässt sich wissenschaftlich nicht beweisen – Gottesglaube ist ebenso wie die Ablehnung desselben eine Frage der persönlichen Entscheidung. Doch mit den großen Fragen des Lebens beschäftigen sich Anhänger aller Weltanschauungen – auch Agnostiker, die die Möglichkeit der rationalen Erkenntnis transzendenter Prinzipien verneinen und trotz-

Scientology Church in San Francisco, USA, Nordamerika, 2006

dem den Glauben an diese nicht ausschließen, und Atheisten, die anstelle von ›Gott‹ an die Naturwissenschaften ›glauben‹. Aus den christlichen Kirchen mögen heute bei uns mehr und mehr Mitglieder austreten – in der säkularisierten Welt behauptet sich dennoch das menschliche Verlangen nach Spiritualität. Viele Menschen suchen und finden ihren ›Gott‹ erst in persönlichen Lebenskrisen oder im Alter. Und die Sehnsucht nach Befreiung aus einer oftmals tief empfundenen Sinnlosigkeit des eigenen Daseins – gerade in einer Zeit schwindender, die Gemeinschaft bindender Werte und Traditionen – bereitet auch immer wieder neuen religiösen Bewegungen den Boden. So verspricht die 1953 von L. Ron Hubbard gegründete Church of Scientology, Menschen von psychischen Blockaden zu befreien und zu geistiger Freiheit zu führen und vereint wissenschaftliche, kosmologische und metaphysische Elemente zu einem eigenen Gedanken- und Glaubenssystem. Aber während in den USA Scientologen der Status einer Religionsgemeinschaft zuerkannt wird, stehen sie in Deutschland unter Beobachtung des Verfassungsschutzes.

In der multikulturellen Gesellschaft treffen heute Menschen mit ganz unterschiedlichen Glaubensvorstellungen aufeinander, sie richten ihr Dasein nach unterschiedlichen Lehren aus und praktizieren unterschiedliche Rituale. Im bevölkerungsreichsten und zuwanderungsstärksten deutschen Bundesland Nordrhein-Westfalen ermittelte eine Projektstudie der Ruhr-Universität Bochum im Jahr 2005 die erstaunliche Anzahl von 228 religiösen Gemeinschaften und Strömungen,[1] und »Das Kölner Buch der Religionen« betrachtet rund einhundert religiöse Gemeinschaften innerhalb der Stadtgrenzen Kölns.[2] Das ›christliche Abendland‹ ist nur noch eine Metapher: Christen praktizieren ihren Glauben bei Weitem nicht nur im ›Abendland‹ – in Lateinamerika etwa ist die Zahl der Christen heute fast ebenso groß wie in Europa. Aber d a s Christentum gibt es ebenso wenig wie d e n Islam, d e n Buddhismus, d e n Hinduismus oder d a s Judentum. Und auf der Mikroebene existiert neben einer Vielzahl unterschiedlicher christlicher eine Vielzahl anderer Religionsgemeinschaften.

In Deutschland garantiert das Grundgesetz jeder Religionsgemeinschaft das Recht auf Ausübung ihres Glaubens. Konflikte sind dabei nicht immer zu vermeiden, wie zum Beispiel die anhaltende Diskussion um den Bau einer Zentralmoschee in Köln-Ehrenfeld zeigt. Die brutale Verfolgung religiöser Minderheiten in vielen Staaten der Welt macht deutlich, dass Religion von Menschen gelebt wird und religiöse Ethik Auslegungssache ist: Menschen lassen sich im Namen der Religion zu Gewalt anstiften, aber auch zu deren Verzicht überreden – ›Gott‹ lässt sich sowohl zürnend und rächend als auch gütig und verzeihend vorstellen. Ein Zeichen gegen religiöse Intoleranz und für religiöse Verständigung versuchte das erste Weltgebetstreffen 1986 in Assisi zu setzen; die friedliche Koexistenz von Religionsgemeinschaften aber erfordert die Abschaffung totalitärer Strukturen und absoluter Machtansprüche überall auf der Welt!

Modell der geplanten Zentralmoschee im Kölner Stadtteil Ehrenfeld, Deutschland, 2009

Welche Gottesvorstellungen und -bilder existieren in den verschiedenen Religionsgemeinschaften? In vielen Kulturen gibt es plastische Vor- und Darstellungen von höheren Mächten in menschlicher Gestalt und mit menschlichem Antlitz – unter anderem auch in Gesellschaften, in denen der Ahnenkult eine prägende Rolle spielt für das Zusammenleben der Generationen, zu denen oft auch die längst Verstorbenen und die noch nicht Geborenen zählen. Plastische Abbilder vergegenwärtigen dort die stete Präsenz und außerordentliche Wirkmacht ›vergöttlichter‹ Urahnen. Andere Kulturen erfahren ihren gesamten Lebensraum als von überweltlichen Mächten ›beseelt‹, die sich in diversen Naturerscheinungen ebenso wie in Tieren, Pflanzen und selbst in Steinen manifestieren können. So stellen sich die in Zentralkalimantan auf Borneo lebenden Ngaju-Dayak ihre höchste Gottheit als Nashornvogel vor, der gleichwohl als Herrscher der Oberwelt ein Haus bewohnt, das der Wohnstatt der Menschen gleicht, jedoch viel prächtiger ausgestattet ist. In Gestalt eines Steines wird die Waldgöttin von einer Dorfgemeinschaft im Westen des indischen Bundesstaates Orissa verehrt: Man bringt ihr an bestimmten Tagen des Jahres Blutopfer dar, um sie gütig zu stimmen, damit sie sich weiterhin für das Wohl der Dorfgemeinschaft einsetzen möge. Sobald das Medium den Stein berührt, überträgt sich die göttliche Energie auf dieses – es wird zur ›lebenden Gottheit auf Erden‹. Beim Mami-Wata-Kult, in dem sich Glaubensvorstellungen aus Afrika und Übersee mischen, steht ebenfalls eine weibliche Gottheit im Zentrum der Verehrung. Die Vermittlung zwischen Gläubigen und ihren Göttern obliegt in vielen Religionen Spezialisten, die auf Grund einer besonderen Veranlagung, eines Berufungserlebnisses oder einer langen

Als Göttin verehrter ›blutender‹ Stein in einem Dorf im Westen des Bundesstaates Orissa, Indien, Südasien, 2005

»Die Erschaffung Adams«, Deckenfresko von Michelangelo in der Sixtinischen Kapelle in Rom, Italien, 2002

Ausbildung über spezielle Fähigkeiten oder Fertigkeiten verfügen und sich dadurch von der Gemeinschaft abheben.

Die ›Universalreligionen‹ lehnen Gottesbilder mehrheitlich ab – so das Judentum und der Islam. Auch Christen sollen sich kein Bild von Gott machen, übersteigt doch Gottes Wesen das menschliche Vorstellungsvermögen. Gleichwohl sehen sie in dem von Gott erschaffenen Menschen das Ebenbild ihres Schöpfers und in Jesus Christus den Mensch gewordenen Gott. Der Buddhismus hingegen kennt keine Götter. Religionsstifter Siddhartha Gautama verstand sich selbst als Lehrer, wurde aber nach seinem Eingang ins Nirwana von den Anhängern seiner Lehre als Buddha verehrt und später auch vergöttlicht. Zunächst fand er nur symbolhafte Darstellung, später wurde er auch figürlich gestaltet. Im Hinduismus existiert indessen eine geradezu verwirrende Vielzahl von Göttern, von denen viele jedoch nur im lokalen Kontext verehrt werden. Die Gläubigen erbitten sich von ihren lokalen Gottheiten vor allem Hilfe bei der Bewältigung des alltäglichen Daseins, während Brahma, Shiva und Vishnu als Hauptgötter des Hinduismus – manchmal auch die ›Große Göttin‹ – eher bei existenziellen Problemen bemüht werden.

Die Sehnsucht nach Spiritualität und die Bereitschaft zu religiösem Glauben sind Bestandteile der menschlichen Natur und vitale Kräfte in allen Kulturen. Mögen sich die religiösen Vorstellungen und Praktiken der Menschen auch unterscheiden, letztlich gibt es viele Gemeinsamkeiten. Seit Langem beschäftigt dieses Phänomen Anthropologen, Ethnologen und Psychologen. In letzter Zeit gehen Biologen und Neurologen der komplexen Fragestellung nach, wann und warum sich das Gehirn so entwickelte, dass es den Menschen zum Glauben an Übersinnliches und zur ›Erleuchtung‹ befähigt. Der Neurotheologie, einer neuen wissenschaftlichen Disziplin, gelang bei der Untersuchung betender ebenso wie meditierender Probanden der Nachweis einer Reduktion der Nerventätigkeit in den Schläfenlappen, durch die vermutlich ein Prozess der ›Entkörperlichung‹ eingeleitet wird, bei dem der ins Gebet oder in die Meditation versunkene Mensch den Kontakt zum eigenen Körper verliert und sich infolgedessen möglicherweise Visionen und mystischen Erfahrungen öffnet.[3] Steckt das Geheimnis der Religion letztlich im Hirn?

Buddhismus

Die verschiedenen Traditionen des Buddhismus gehen davon aus, dass das gesamte Dasein einem endlosen Kreislauf von Geburt und Wiedergeburt unterworfen ist. Buddhisten versuchen, durch unterschiedliche Praktiken und Verhaltensweisen diesem Kreislauf zu entkommen, um so das endgültige Verlöschen, Nirwana, zu erlangen.

Der Buddhismus geht auf das Wirken des nordindischen Fürstensohns Siddhartha Gautama zurück, der als Buddha, als »Erwachter«, bezeichnet und als Religionsstifter und Lehrer verehrt wird. Vermutlich lebte er in der Zeit von 560 bis 480 v. Chr. Der Buddhismus entstand in Indien vor allem in Abgrenzung zu den traditionellen Strömungen des Hinduismus. Er kennt keine Schöpfergottheit, wohl aber Götter und Geister, die in den verschiedenen Regionen Asiens aus den lokalen Traditionen übernommen wurden. Der Stifter Siddhartha Gautama sah sich selbst als Lehrer, wurde später aber durchaus auch als Gottheit verehrt. Bis zum 3. Jahrhundert v. Chr. waren die Lehrreden des Buddhas zusammengestellt und seine Lehre kanonisiert worden.

Der Buddha fasste seine Einsichten in den »Vier Edlen Wahrheiten« zusammen: Das Schicksal allen Seins ist an die ›Krankheit des Leidens‹ geknüpft, die durch Hass, Begierde, Nichtwissen und Verblendung hervorgerufen wird. Gelingt es, diese Ursachen zu eliminieren, erlischt das Leid. Befreiung und Heilung verspricht der »Edle Achtteilige Pfad«, eine Aufstellung rechter Denk- und Handlungsweisen. Als letztes Heilsziel strebt der Buddhist den Eintritt in das Nirwana an. Das Wort bedeutet »erlöschen« und weist auf einen Zustand hin, der frei von den relativen Sichtweisen und Erfahrungen im Diesseits ist. Eine Annäherung an diesen Zustand wird mit Hilfe der Meditation gesucht. Mit dem Eintritt in das Nirwana ist der Gläubige dem Kreislauf der Wiedergeburten entronnen.

Es gibt drei Hauptströmungen des Buddhismus: Theravada, die »Lehre der Älteren«, ist vorwiegend in Süd- und Südostasien verbreitet. Zentral ist der Glaube an die Erlösung durch eigenes Bemühen. Nach Sri Lanka gelangte diese Glaubensvorstellung schon um 250 v. Chr. China wurde im ersten nachchristlichen Jahrhundert missioniert. In dieser Zeit erfolgte auch eine Aufteilung der Lehrmeinung in Hinayana und Mahayana: Während sich das »kleine Fahrzeug« Hinayana eng an die Inhalte der Lehre der Älteren hält, wonach jeder Mensch den Heilsweg individuell beschreiten kann, herrscht im Mahayana, dem »großen Fahrzeug«, die Vorstellung, dass ›erleuchtete Wesen‹, Bodhisattvas, den Heilsweg erleichtern können. Etwa im 7. Jahrhundert n. Chr. entwickelte sich mit dem Vajrayana, dem »Diamantfahrzeug«, eine Lehre tantrischer Techniken und Riten,

Buddha-Statue am Borobudur
8./9. Jh., Java, Indonesien, Südostasien, 2000

Die Buddha-Statue zeigt die Geste der Lehre. Sie befindet sich auf einer der oberen Terrassen des Borobudur.

Buddha-Kopf
Borobudur, Java, Indonesien,
Südostasien, 8./9. Jh.
Lavastein; H 35 cm
RJM 47359

Der Kopf stammt vom Borobudur in Zentraljava, dem bedeutendsten buddhistischen Heiligtum Indonesiens. Als Stufenpyramide mit fünf quadratischen und drei runden Terrassen angelegt, ist das Bauwerk als ein gigantisches dreidimensionales Mandala zu erfahren. Der Besucher steigt – beidseitig begleitet von Reliefs – von der irdischen Ebene der Begierden durch die Welt der Formen ohne Begierden, vorbei an 432 überlebensgroßen sitzenden Buddha-Statuen, hinauf zu der formlosen Welt, wo 72 Buddhas halb verborgen in Stupas mit gitterartig durchbrochener Wandung sitzen.

die eine Mittelstellung zwischen Hinayana und Mahayana einnehmen. Diese Ausrichtung fand vor allem in China, Japan und der Mongolei Verbreitung und verschmolz in Tibet mit Elementen der Bön-Religion zum tibetischen Buddhismus. In allen Traditionen ist die Ordensgemeinde *sangha* für die Bewahrung und Verbreitung der Lehre verantwortlich. Heute leben etwa 400 Millionen Buddhisten vor allem in Ost- und Südostasien; in Deutschland wird ihre Zahl auf etwa 250 000 geschätzt.

Buddha-Darstellungen

Im frühen Buddhismus wurde der Religionsstifter Gautama Buddha nur durch Symbole repräsentiert. Seine figürliche Gestaltung entwickelte sich erst im 2. Jahrhundert v. Chr. Die Symbole und Statuen dienten ursprünglich nicht der Verehrung, sondern der Erinnerung an die Lehre des Buddhas und als Hilfsmittel zur Erleuchtung. Der Buddha ist an 32 Merkmalen erkennbar, so an dem Kopfauswuchs *ushnisha* und der Stirnlocke *urna*. Mit den verschiedenen buddhistischen Lehrrichtungen veränderte sich die Vorstellung von dem Buddha und damit einhergehend seine Darstellung. Dies drückte sich in Körperhaltung, Kleidung, Handgestus *mudra*, Farbgebung und Attributen aus.

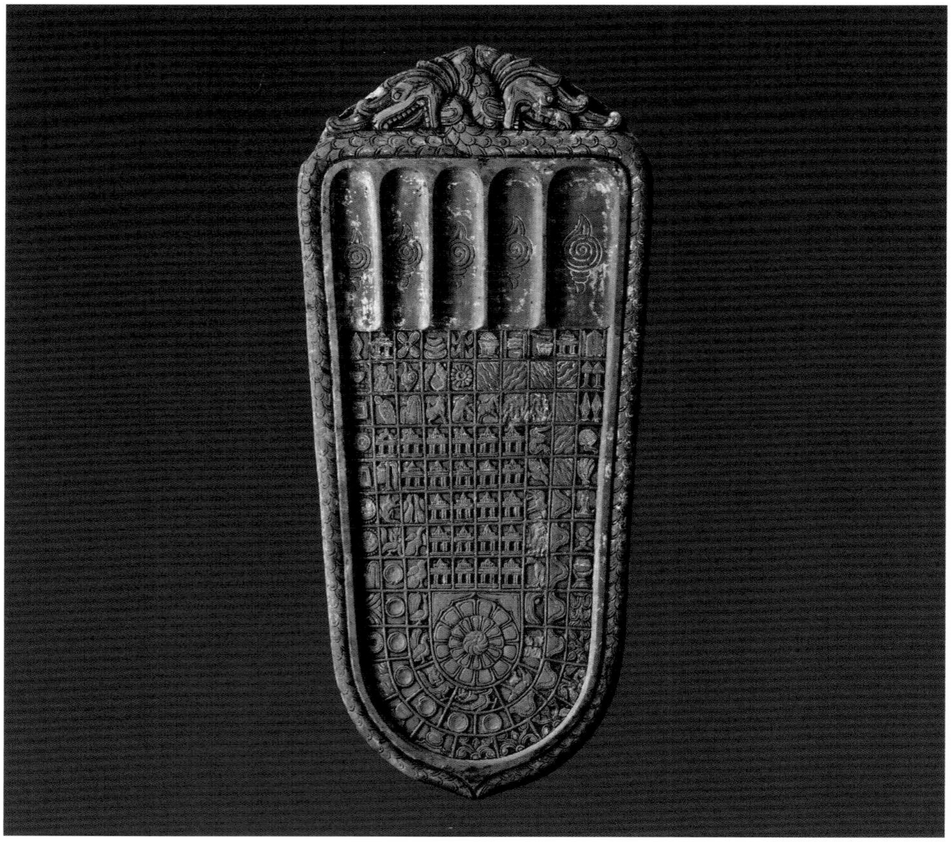

Fußabdruck des Buddhas
Shan-Region, Myanmar, Südostasien, 18./19. Jh.
Sandstein, Farbe; H 160 cm
Erworben mit Mitteln der Kölner Kulturstiftung der Kreissparkasse Köln, 2002
RJM 55995

Die monumentale Steinplatte zeigt den Abdruck des linken Fußes von dem Buddha *buddhapada*. Zwei Nagas umschließen ihn. Der Fußabdruck symbolisiert des Buddhas irdische Anwesenheit, nachdem er in das Nirwana eingegangen ist. Die Fußfläche ist mit 108 Emblemen ausgefüllt, die den Kosmos versinnbildlichen. Dazu gehören Himmel, die durch Pavillons repräsentiert werden, die Sieben Gebirge und Sieben Ozeane, die Vier Kontinente, Sonne und Mond.

Buddha Amitabha
Japan, Ostasien, 19. Jh.
Bronze; H 208 cm
RJM 13022

Amitabha ist einer der fünf transzendenten Buddhas, die zeitlos und immer präsent sind. Er wird häufig im Lotossitz mit der Geste der Meditation dargestellt. Mit Amitabha verbindet sich die Vorstellung von grenzenlosem Erbarmen, Licht und ewigem Leben. Er herrscht über das Westliche Paradies. Die Gläubigen hoffen, dort als Glückselige wiedergeboren zu werden.

Verehrungshalle aus dem 2. Jh. v. Chr.
Ajanta, Maharashtra, Indien, Südasien, 2007

Diese aus dem Fels gehauene Verehrungshalle in der buddhistischen Höhlenanlage von Ajanta enthält einen ebenfalls aus Stein getriebenen Stupa, Gedächtnismal des Buddhas.

Votivtafel mit stehendem Buddha
Mon, Pegu-Reich, Myanmar,
Südostasien, 7.–9. Jh.
Gold; H 16 cm
RJM 55993

Das außergewöhnlich feine Goldrelief zeigt den Buddha mit der Geste *dharmachakra mudra*. Sie bezeichnet das »Drehen des Rades der Lehre« und verweist auf des Buddhas erste Predigt nach seiner Erleuchtung. Reste der süß duftenden rötlichen Sandelholzpaste, mit der das Relief zur Verehrung beidseitig eingerieben war, sind noch in Spuren vorhanden.

Bodhisattvas

Bodhisattvas sind Wesen *sattva*, die die Fähigkeit zur Erleuchtung *bodhi* bereits erreicht, jedoch aus Mitleid mit den Menschen zeitweise auf die Erlangung der Buddhaschaft verzichtet haben, um ihnen auf dem Weg zur Erleuchtung zu helfen. Sie genießen kultische Verehrung und werden in allen Nöten angerufen. Zahl und Wesen der Bodhisattvas variieren je nach Lehrmeinung. Sie erscheinen stets fürstlich geschmückt, haben spezifische Körperhaltungen und eigene Attribute. Weithin bekannt und hochverehrt ist Avalokiteshvara, der »Herr der Welt, der voll Mitleid herabblickt«.

Entzünden der Butterlampen
Amaravati, Indien, Südasien, 2006

Zur Verehrung des Buddhas werden täglich viele kleine Lampen entzündet, die mit flüssigem Butterfett gefüllt sind.

Elfköpfiger Avalokiteshvara
Tibet, Zentralasien, 15./16. Jh.
Feuervergoldete Bronze, Türkis, Koralle;
H 50 cm
RJM 44937

Der Bodhisattva Avalokiteshvara erscheint dem Gläubigen mit einem Strahlenkranz von helfenden Armen. Seine elf Köpfe kennzeichnen ihn als Ekadashamukha Avalokiteshvara, den elfköpfigen Weltenherrn. Der Legende nach zersprang der Kopf von Avalokiteshvara in zehn Teile, als er über die Leiden dieser Welt grübelte. Aus Mitleid formte der transzendente Buddha Amitabha aus den Teilen zehn Köpfe und fügte seinen eigenen als elften hinzu.

Grüne Tara
Tibet, Zentralasien, 12./13. Jh.
Bronze; H 15 cm
RJM 61277

Mit der Göttin Tara verbindet sich im Buddhismus die Idee von Weisheit, Schutz und Inspiration. Syamatara, die »Grüne Tara«, verkörpert den aktiven Aspekt des Mitgefühls und wird zur Unterstützung in Notsituationen angerufen. Der Legende nach war sie eine nepalesische Prinzessin und Gemahlin eines tibetischen Königs. Dieser war auch mit einer chinesischen Prinzessin verheiratet, die als »Weiße Tara« bezeichnet wird.
In gelöster Haltung sitzt Syamatara auf einem hohen doppelten Lotosthron. Die linke, im Lehrgestus erhobene Hand charakterisiert sie als helfende Lehrerin des rechten Weges. Die rechte Hand zeigt den Gestus der Wunschgewährung.

Buddhistische Laien und Klostergemeinde

Die Lehre des Buddhas, *dharma*, überlebte dank des Ordens von Mönchen und Nonnen, *sangha*, den der Buddha selbst gegründet hatte. Der Buddha, *dharma* und *sangha* sind die »Drei Juwelen«, denen sich die Mitglieder des Ordens verpflichten. Zwischen dem *sangha* und den Laienanhängern besteht eine enge, von gegenseitiger Abhängigkeit geprägte Beziehung: Die Laien versehen die Mitglieder des Ordens mit den materiellen Notwendigkeiten – Unterkunft, Kleidung und Nahrung – und erwerben so Verdienste für ihre Wiedergeburt, während die Mönche und Nonnen für Belehrung der Laien sorgen.

Mönch beim Studium eines Manuskriptes
Lamayuru, Ladakh, Indien, 1993

Anbetender Mönch
Thailand, Südostasien,
Sukhothai-Stil, 14./15. Jh.
Bronze; H 47 cm
RJM 51598

Die Figur zeigt einen Mönch mit in Anbetung erhobenen Händen. Sein Gewand bedeckt die linke Schulter; über ihr liegt ein weiteres, schmal gefaltetes Tuch. Gewöhnlich werden Moggallana und Sariputta, die beiden Lieblingsschüler des Buddhas, in dieser Haltung und Kleidung dargestellt.

Hinduismus

Hinduismus ist eine Sammelbezeichnung für verschiedene Religionstraditionen des indischen Subkontinents. Hindus glauben an das ewige Weltgesetz *dharma*, das Vergeltungsprinzip *karma* und die Wiedergeburt der unsterblichen Seele. Als Hindu wird man geboren; die Gläubigen sehen sich in einem Kreislauf von Wiedergeburten gefangen. Letztes Heilsziel ist es, diesem Kreislauf durch rechtes Handeln, Erkenntnis oder Hingabe zu entrinnen.

In der Zeit zwischen dem 3. und 2. Jahrtausend v. Chr. blühte die Harappa-Kultur, deren städtische Siedlungen sich über ein weites Gebiet Nordindiens erstreckten. Etwa um 1 500 v. Chr. wanderten nach gängiger Lehrmeinung arische Gruppen aus dem Nordwesten ein, deren Götterwelt in heiligen Texten, den Veden, festgehalten ist. Es kam zu einer Vermischung mit lokalen Kulten, Gottheiten und Naturgeistern. Der so entstandene Glaube basiert weder auf einem Stifter noch gibt es ein Dogma, verbindlich sind allein die Veden.
Die Entwicklung der frühesten vedischen Textsammlung, Rigveda, wird von vielen Forschern zwischen 1 500 und 1 200 v. Chr. angesetzt, andere postulieren den Zeitraum zwischen 4 000 und 3 000 v. Chr. Das Rigveda beinhaltet mehrere Tausend Hymnen zur Anrufung und Lobpreisung vedischer Götter. Nur die Brahmanen, Angehörige der Priesterkaste, durften die Texte studieren und rezitieren. Noch heute werden vedische Hymnen anlässlich von Übergangsriten wie Hochzeiten oder Bestattungen vorgetragen. Die Endfassungen der Epen Ramayana und Mahabharata, zwei weitere wirkmächtige Werke der indischen Kultur, waren bis zum 4. Jahrhundert n. Chr. abgeschlossen.
Um die Zeitenwende hatten sich die meisten der bedeutenden hinduistischen Kulte, die die religiösen Vorstellungen und Praktiken sowie die Kultur Indiens bis heute prägen, entwickelt. Das hinduistische Glaubenssystem enthält eine Vielzahl von Göttern, Heiligen, Sehern, mythischen Wesen und vergöttlichten Heroen, zusammen mit Verehrungskulten und lokalen Glaubensvorstellungen. Es ist nicht dogmatisch, so dass von den Gläubigen immer wieder neue Gottheiten oder Foki der Verehrung integriert werden können.
Den Weg zur Erlösung aus dem Kreislauf der Wiedergeburten begleiten zahlreiche Götter, vor allem Brahma als Erschaffer des Universums, Vishnu als Bewahrer und Shiva als Zerstörer der Schöpfung – als *trimurti* werden sie gemeinsam verehrt. Vishnu und Shiva haben zahlreiche Erscheinungsformen. Ebenso tritt die ›große Göttin‹ als Parvati, liebevolle Gattin von Gott Shiva, auf, als Kali, todbringende Herrin der Zeit, oder als Durga, kriegerische Dämonenbezwingerin.
Das Spektrum der religiösen Verehrung ist breit: Sie kann sich auf eine einzige Gottheit, auf Götterpaare oder auf mehrere Gottheiten richten und schließt auch Tiere, Pflanzen oder Teile der Landschaft und Natur mit ein.

Die rund 900 Millionen Anhänger der hinduistischen Religionstraditionen bilden die drittgrößte Religion der Welt. Regionaler Schwerpunkt ist der indische Subkontinent. Darüber hinaus gibt es größere Gemeinschaften vor allem in Südafrika und Großbritannien; in Deutschland leben etwa 100 000 Hindus.

Mukhteshvara-Tempel aus dem 10. Jh.
Bhubaneshwar, Indien, Südasien, 2005

Hinduistische Tempelanlagen weisen neben den Tempelgebäuden in der Regel ein großes Wasserbecken auf, das der zeremoniellen Reinigung dient.

Shiva

Shiva vereint in sich zahlreiche Aspekte – Schöpfung und Neubeginn ebenso wie Erhaltung und Zerstörung. Seine 1008 Beinamen zeugen von dieser Vielschichtigkeit, die aus der Verschmelzung zahlreicher lokaler Gottheiten erwuchs, ebenso wie seine höchst unterschiedlichen Erscheinungsformen und Attribute. Er trägt ein drittes Auge auf der Stirn und hält zumeist Dreizack, Trommel, Axt und eine springende Antilope in seinen vier Händen. Sein Reittier ist der weiße Stier Nandi. Seine Gattin passt sich in ihrer Erscheinungsform jeweils der seinigen an. Shiva wird häufig als Linga verehrt, als göttlicher Phallus, Symbol seiner Schöpferkraft.

Geschmückter Linga
Bhoganandishvara Tempel, Nandi, Karnataka, Indien, Südasien, 2008

Gott Shiva
Kambodscha, Südostasien,
frühe Angkor-Periode, 2. Hälfte 9. Jh.
Sandstein; H 126 cm
Erworben mit Mitteln der Orientstiftung, Köln,
des Landes Nordrhein-Westfalen und der Stadt
Köln, 1991
RJM 54328

Shiva ist hier als königliche Gestalt mit einem Diadem dargestellt. Zwei seiner besonderen Kennzeichen sind die Mondsichel vor seiner Haarkrone und das senkrecht auf der Stirn stehende Auge der höchsten Weisheit. Weitere Attribute des Gottes sind auf Grund der fehlenden Arme nicht mehr vorhanden. In Kontrast zu den kunstvoll hochgebundenen Haarflechten eines Asketen stehen Backen- und Kinnbart, die das breite Gesicht – ein Stilmerkmal der frühen Angkor-Periode – umrahmen.

Uma-Maheshvara
Ostindien, Südasien, 11.–12. Jh.
Stein; H 96 cm
RJM 55147

Die Darstellung von Shiva und Parvati in zärtlicher Umarmung wird als Uma-Maheshvara bezeichnet. Sinnfällig ist die Symmetrie im Aufbau der Figurengruppe, die die zwei Gestalten als Einheit erscheinen lässt: Die innige Verbindung zeigt das eine Göttliche in zweifacher Natur. Der jugendlich gestaltete vierarmige Shiva trägt die Haare in der für Asketen charakteristischen Art zu einer Flechtkrone aufgetürmt. Parvati hält als Attribut einen Spiegel.

Nandi, Reittier Shivas
16. Jh., Lepakshi, Indien, Südasien, 2008

Die über acht Meter lange Stierskulptur steht am Eingang der Ortschaft Lepakshi und verweist die Pilger auf den nahen Shiva-Tempel.

Shiva-Anhänger
Varanasi, Indien, Südasien, 2007

Ein Sadhu, ein Asket, zeigt durch die waagrechten Linien auf der Stirn, dass seine Verehrung Gott Shiva gilt.

Farben für die Götter
Mylapur, Karnataka, Indien, Südasien, 1995

Verkaufsstände mit Haufen roter Farbpigmente säumen eine Straße, die zu einem Tempel führt. Gläubige kaufen die leuchtenden Pigmente, um sie den Gottheiten zu opfern.

Vishnu

Vishnu zählt mit Shiva und Brahma zu den drei höchsten hinduistischen Gottheiten. Er gilt als Bewahrer des Universums und als Hüter von Recht und Ordnung. Seine Anhänger verehren ihn als oberste Gottheit. In seinen verschiedenen ›Herabkünften‹ *avatara* sorgt er immer wieder für das Gleichgewicht zwischen Gut und Böse auf Erden. Zu seinen bekanntesten Inkarnationen gehören Krishna und Rama, deren Heldentaten in Epen besungen werden. Vishnus Attribute sind Muschelhorn, Lotos, Wurfscheibe und Keule. Lakshmi und Bhudevi sind seine Gattinnen. Als Reittier dient ihm das mythische Vogelwesen Garuda.

Vishnuitischer Priester
Vrindavan, Indien, Südasien, 2005

Die V-förmige Markierung aus Sandelholzpaste auf der Stirn des Priesters kennzeichnet ihn als Anhänger von Gott Vishnu.

Vishnu-Kopf
Prasad Bakong, Kambodscha, Südostasien,
Bayon-Stil, ca. 1181–1200
Sandstein; H 58 cm
RJM 51587

Vishnu trägt seine stilisierten Haarflechten in der Art Shivas zylinderförmig aufgetürmt. Dieser Kopf, der eine Vorstellung von der Monumentalkunst der Khmer gibt, gehörte zu einer großen Vishnu-Statue in der Tempelanlage von Bakong, die dort bei der Renovierung dieses Tempels im 12. Jahrhundert aufgestellt wurde.

Türsturz
Kambodscha, Südostasien,
Angkor-Periode, 11. Jh.
Sandstein; B 200 cm
Erworben mit Mitteln des Landes Nordrhein-Westfalen und der Orientstiftung, Köln, 1988
RJM 53164

Die Monstermaske im Zentrum stellt den Dämon Kala dar. Sie wurde zur Abwehr von Bösem am Tempeleingang angebracht. Innerhalb des Reliefs dient Kala als Basis für den Weltbewahrer Vishnu, der in seiner Inkarnation als Zwerg Vamana auf die Erde herabstieg. Dort offenbarte er sich in seiner ganzen Größe und ummaß mit nur drei Schritten den Kosmos, wodurch er die Welt erlöste. Rechts und links entfalten sich komplexe Ranken – teilweise in Schlangenform –, zwischen denen sich Gott Vishnu auf seinem Reittier, dem mythischen Vogelwesen Garuda, erhebt.

Kleiner Tempel in Banteay Srei aus dem 10. Jh.
Angkor, Kambodscha, Südostasien, 2007

Relief mit Gott Vishnu
Zentralindien, Südasien, 10./11. Jh.
Stein; H 137 cm
Dauerleihgabe Peter und Irene Ludwig Stiftung, Aachen
DL 215

Gott Vishnu ist durch drei seiner Attribute – Wurfdiskus, Muschelhorn, Keule – charakterisiert. Seinen Kopf rahmen die hinduistischen Hauptgottheiten Brahma, Vishnu in meditativer Versenkung und Shiva. Darüber gruppieren sich sechs seiner zehn ›Herabkünfte‹: Kalki auf dem Pferd, der Zwerg Vamana, der eberköpfige Varaha mit der Erdgöttin, der löwenköpfige Narasimha, Balarama mit der dreiköpfigen Schlange sowie Buddha, der von den Vishnuiten als neunte Inkarnation angesehen wird. Das Lotuspodest, auf dem Vishnu steht, wird von den beiden personifizierten Darstellungen seiner Attribute Wurfdiskus und Muschelhorn flankiert.

Die ›Große Göttin‹

Die in Indien einst vorherrschenden lokalen Muttergottheiten wurden nach und nach in das vorwiegend männlich besetzte hinduistische Götterpantheon integriert. Ihre vielfachen Aspekte vereinigten sich in der Vorstellung einer weiblichen Urkraft des Universums. Diese wird durch die Gestalt der Shakti personifiziert. Sie stellt die aktive Energie dar, die jeder Gottheit eigen ist. Die oberste Göttin des Shakti-Kultes ist Mahadevi. Dies ist auch der Beiname von Parvati, der Shakti des Gottes Shiva. Sie kann als sanfte Uma auftreten oder als kriegerische Durga. Saraswati, die Göttin der Weisheit, ist Brahmas Shakti, und die Glücksgöttin Lakshmi gehört zu Vishnu.

Blick auf den 1565 erbauten Kamakhya-Tempel
Guwahati, Assam, Indien, Südasien, 2006

Der Tempel beherbergt eine unterirdische Kammer mit einer Quelle, die als sakrales Zentrum der Göttin Kamakhya gilt. Neben Blumen werden ihr täglich Tieropfer dargebracht.

Weibliche Gottheit
Kambodscha, Südostasien,
Angkor-Periode, Mitte 12. Jh.
Sandstein; H 108 cm
Erworben mit Mitteln des Landes Nordrhein-Westfalen, der Stadtsparkasse Köln, der Rudolf Siedersleben'schen Otto Wolff-Stiftung, Köln, und der Orientstiftung, Köln, 1994
RJM 54805

Die Gottheit trägt reichen Kopfschmuck, einen fein gefältelten Wickelrock mit auffälligem Überschlag und fischschwanzförmig drapiertem Vorderteil. Da Hände und Attribute fehlen, lässt sie sich nicht identifizieren. Sie könnte sowohl in einem buddhistischen als auch in einem hinduistischen Schrein gestanden haben. Vorherrschend ist der Eindruck feierlicher Ruhe. In einem Rückgriff auf die Kunst des 9. und 10. Jahrhunderts schufen die Künstler im Kambodscha der Angkor-Zeit Götterbilder in altertümlich strenger Haltung.

Durga-Altar
Kolkata, Westbengalen, Ostindien, Südasien, 2003
Baummark, Pappmaché; B 358 cm
Geschenk des Indischen Kulturvereins Bharat Samiti, Köln, 2007
RJM 52840

Die Göttin Durga stellt den kriegerischen Aspekt von Parvati, der Gemahlin Shivas, dar. Ihr siegreicher Kampf gegen den Büffeldämon symbolisiert den Triumph des Guten über das Böse. Lakshmi, Sarasvati, der elefantenköpfige Ganesha und der Kriegsgott Karttikeya flankieren sie.
Im Herbst findet vornehmlich in Ostindien die Durga Puja statt, ein zehntägiges Fest zu Ehren der Göttin. Das Kultbild wurde 2003 für die Durga Puja des Indischen Kulturvereins Bharat Samiti im Bezirksrathaus Köln-Chorweiler geschaffen.

Die Göttin Markamma
Bissameuttack, Orissa, Indien, Südasien, 2003

Die Göttin Markamma wird von den Dongria Kondh im indischen Bundesstaat Orissa in Gestalt eines mit roter Farbe bedeckten Steinblocks verehrt. Augen, Nase, Zunge und Diadem sind aus Silber gefertigt.

Alle Kulturen kennen Rituale: feierliche Handlungen mit weltlichem oder religiösem Symbolgehalt, die nach vorgegebenen Regeln ablaufen. Im religiösen Bereich führen Menschen Rituale durch, um übernatürliche Kräfte zu ihren Gunsten zu beeinflussen. Masken spielen hierbei häufig eine zentrale Rolle.

Masken treten zu ganz unterschiedlichen Anlässen auf: bei jahreszeitlich wiederkehrenden Festen, Übergängen im Lebenszyklus – insbesondere bei Totenfeiern – oder in Krisenzeiten. Als Mittler zwischen den Welten können sie die Funktion eines Richters einnehmen, für Wohlergehen, Fruchtbarkeit und ein günstiges Schicksal sorgen oder einfach unterhalten. Eine Maskengestalt besteht meist aus Maske und Kostüm. Ihre Kraft entfaltet sich vielfach erst beim Auftritt: Sie bewegt sich, wird von Musik und Gesang begleitet und interagiert mit dem Publikum.

Appenzeller Silversterchläuse
Urnäsch, Schweiz, 2005

Was ist ein Ritual? Rituale finden sich in allen Kulturen, und erklärende Theorien gibt es ebenso viele wie Versuche, sie von Gewohnheit und Brauchtum abzugrenzen. Daher findet man auch statt einer eindeutigen, allgemeingültigen Definition eher ein Set von Merkmalen, die ein Ritual ausmachen: Rituale werden beschrieben als wiederholbare, nach vorgegebenen Regeln ablaufende, feierliche Handlungen mit hohem Symbolgehalt. Sie haben einen performativen Charakter und finden an besonderen Orten zu bestimmten Zeitpunkten statt. Sie sind meist mit besonderer Kleidung und speziellen Attributen und Objekten wie etwa Masken verbunden, werden häufig von bestimmten Formeln und festgelegten Gesten sowie von Musik und Tanz begleitet. Rituale sind kulturell geprägt und werden kollektiv geteilt. Sie können religiöse oder weltliche Funktionen haben.

Warum gibt es Rituale? Rituale begleiten uns von der Geburt bis zum Tod. Sie sind wichtig für das Zusammenleben von Menschen, da sie die Möglichkeit bieten, mit existenziellen Problemen umzugehen: Sie rhythmisieren zeitliche und soziale Abläufe und bieten so einen Rahmen für den bewussten Beginn neuer Lebensabschnitte, sie markieren Übergänge und helfen Krisen zu bewältigen. Rituale schaffen Ordnung und Strukturen, stiften Gemeinschaft, vermitteln Halt und Orientierung und stärken die Identität der Beteiligten, indem sie auf festgelegte Handlungsabläufe und bekannte Symbole zurückgreifen. Dabei spielen Masken häufig eine zentrale Rolle.

Seit wann gibt es Masken? Einer der ältesten Funde ist die Maske von La Roche-Cotard, die vor 33 000 Jahren von Neandertalern gefertigt worden sein soll. Sie besteht aus einem flachen Stück Flint von etwa zehn Zentimetern Durchmesser und einem länglichen Knochenstück, das durch ein Loch im Stein geschoben und dort verkantet wurde, um als Augenpaar zu dienen. Auch auf frühen Felszeichnungen in Nord- und Südamerika, Australien, Afrika und Asien finden sich Masken. Bekannt ist die eine Tiermaske tragende Gestalt in den auf 14 000 v. Chr. datierten Malereien der Höhle »Les Trois Frères« in Südfrankreich. Ab dem 17. Jahrhundert ist der Begriff ›Maske‹ im Deutschen nachweisbar. Er leitete sich ab vom italienischen *maschera,* das wiederum auf das arabische *mashara* – Possenspiel – zurückgeht.[1]

Schwäbisch-alemannische Fastnachtsmaske mit Identifikationsnummer
Ludwigsburg-Neckarweihingen, Deutschland, 2008

Masken erzielen ihre wesentliche Wirkung aus dem paradox anmutenden Zusammenspiel von sichtbar sein und unsichtbar bleiben. Man sieht sie, kann ihr Geheimnis aber nicht enthüllen. Dieses Spannungsverhältnis offenbart sich vor allem in Ritualen, in denen gegenüber Nichtinitiierten – meist Frauen und Kindern – geheim gehalten wird, dass die Masken von Menschen gefertigt und getragen werden. Häufig wissen Frauen zwar mehr über die Rituale der Männer als sie zugeben – doch durch ihr Schweigen und das Einhalten der Spielregeln steigern sie die Kraft des Rituals.[2] Die Eingeweihten nutzen ihre Kenntnisse vom Geheimnis der Maske, um sich rituellen, oft auch politischen Einfluss zu sichern. Aber auch sie sehen die Maske nicht als Verkleidung, sondern als das Wesen, das sie verkörpert.

Nicht nur das Gesicht des Maskenträgers bleibt den Betrachtern verborgen, oft wird sogar der gesamte Körper verhüllt, so dass die Identität und Individualität des Trägers verschwinden. Neben einer physischen findet häufig auch eine psychische Transformation statt: Die Masken werden zu den übernatürlichen Kräften oder Wesen, die sie verkörpern. Oft gelten sie auch als Mittler zwischen diesseitiger und jenseitiger Welt, zwischen Lebenden und Ahnen, zwischen Menschen und übernatürlichen Kräften, Geistwesen oder Gottheiten. Als Mittler dürfen sie etwa Sanktionen im Namen der Gruppe aussprechen – Freiheiten, die dem Maskenträger im normalen Leben nicht zuständen. Aber auch hier gibt es Unterschiede: Während etwa im Kameruner Grasland Masken selbst den König ohne Angst vor späteren Repressalien maßregeln dürfen, muss jede Maskengestalt der schwäbisch-alemannischen Fastnacht eine Nummer auf ihrem Kostüm tragen, anhand derer der Maskenträger identifiziert und bei ungebührlichem Betragen später zur Verantwortung gezogen werden kann.

Obwohl die Mimik des Maskenträgers durch die starren Gesichtszüge der Maske ersetzt wird, erscheint eine Maskengestalt alles andere als leblos: Durch ihre Performance, Bewegung, die Musik, den Ort, die Tageszeit und nicht zuletzt durch die Interaktion mit dem Publikum erscheint sie immer wieder anders und überraschend. Doch wenn man den Kontext kennt, in dem die Maske auftritt, ist ihr Verhalten vorhersehbar, da vorgeschrieben.

In Europa erscheinen Masken häufig anlässlich kalendarischer Feste, wie die Appenzeller Silversterchläuse am 31. Dezember und am 13. Januar – Silvester nach julianischem Kalender – oder wie die österreichischen Perchten in den sogenannten Rauhnächten vom 21. Dezember bis zum 6. Januar, in denen sie dämonische Mächte mit lautem Glockengeläut vertreiben und Glück für das neue Jahr bringen. Die seit dem Mittelalter bekannte schwäbisch-alemannische Fastnacht erlaubte, vor dem Beginn der christlichen Fastenzeit verderbliche Lebensmittel aufzubrauchen. Durch die Reformation im 16. Jahrhundert verschwand die Fastnacht weitgehend aus den protestantischen Gebieten Süddeutschlands. In der Romantik verdrängte der rheinische Karneval auch in den katholischen Gebieten die Straßenfastnacht mit ihren überlieferten Masken, die eine Gegenwelt zur christlichen Welt darstellen. Erst um 1900 besann man sich wieder auf die alten Traditionen.

Kommunionkinder und ihre Katechetinnen
Bergisch Gladbach, Deutschland, 2009

Während in Europa Übergangsrituale wie Kommunion oder Konfirmation ohne Masken stattfinden, wird die rituelle Aufnahme junger Menschen in die Gemeinschaft der Erwachsenen in anderen Regionen der Welt häufig mit Masken zelebriert, wie zum Beispiel bei den Bwaba im westafrikanischen Burkina Faso oder bei den Baining in Neubritannien, Melanesien. In beiden Kulturen spielen Masken aber auch eine wichtige Rolle bei Fruchtbarkeitsritualen, in denen um gute Ernte und den Fortbestand der Familie gebeten wird.

Der Glaube an die Wirksamkeit von Ritualen zeigt sich insbesondere bei Krankheiten und Gebrechen. So erhoffen sich in Lourdes jährlich vier bis sechs Millionen katholische Gläubige Heilung ihrer Krankheiten, Verletzungen oder Altersbeschwerden, indem sie Waschungen mit Quellwasser vornehmen, den Stein der Grotte berühren und dort eine Kerze anzünden. In Sri Lanka hingegen werden die Krankheiten erzeugenden Dämonen als Verursacher des Übels

Plastikmadonnen mit abschraubbarer Krone
zum Abfüllen heilkräftigen Wassers
Lourdes, Frankreich, 2006

Maske des venezianischen Karnevals
Venedig, Italien, 2008

in einer nächtlichen Heilzeremonie herbeigerufen. Sie werden mit Opfergaben besänftigt, damit sie von dem Kranken ablassen, so dass dessen Heilung einsetzen kann.

Heilung im weiteren Sinne, nämlich den Ausgleich von Gut und Böse im Kosmos, streben die balinesischen Rituale an, in deren Zentrum die sakralen Mächte Barong und Rangda stehen. Der Schutzgeist Barong und seine Gegenspielerin Rangda, die Königin der Hexen, ringen miteinander um den Sieg – doch endet ihr Kampf stets unentschieden, denn Harmonie entsteht nur im Ausgleich von Gut und Böse.

Trotz ihrer festgelegten Form sind Rituale keineswegs statisch, sondern flexibel und dynamisch und haben das Potenzial, kulturverändernd zu wirken: So wurde der seit Napoleons Machtübernahme 1797 abgeschaffte venezianische Karneval in den 1980er Jahren wiederbelebt, um im besucherschwachen Februar Touristen in die Lagunenstadt zu locken. Halloween wurde durch geschicktes Marketing in Deutschland etabliert, als 1991 wegen des Golfkrieges viele Karnevalsumzüge abgesagt worden waren und die Händler ihre Kostüme nicht absetzen konnten. Die erwähnten Bwa- und Baining-Masken treten mittlerweile auch bei nationalen Festivals auf. Barong und Rangda kamen unter neuen Vorzeichen zum Einsatz, nachdem Anfang des 21. Jahrhunderts erstmals Terroranschläge Harmonie und Gleichgewicht der Balinesen empfindlich aus dem Lot gebracht hatten. Nicht zuletzt hier zeigt sich die sinnstiftende Funktion von Ritualen: Sie geben Halt und Orientierung und helfen, Krisen zu bewältigen.

Hergestellt von Moritz Paysan für das Rautenstrauch-Joest-Museum, Stuttgart-Feuerbach, Deutschland, 2008
Drahtnetz, Farbe, Leder; H 23,5 cm

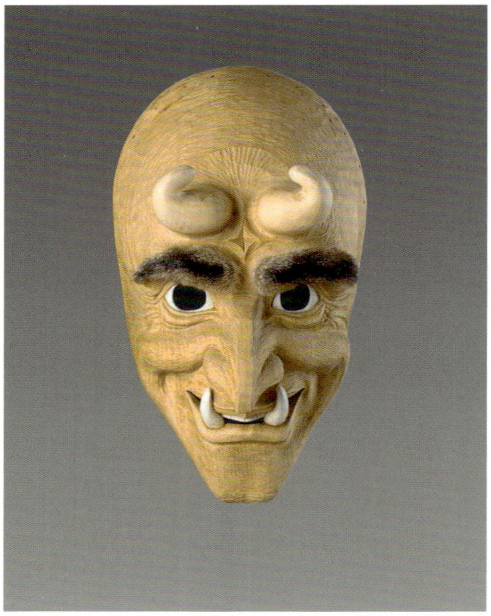

Hergestellt von Moritz Paysan für das Rautenstrauch-Joest-Museum, Stuttgart-Feuerbach, Deutschland, 2008
Lindenholz, Fuchsfell, Farbe, Wachs; H 29 cm

Bayern, Deutschland, 20. Jh.
Holz, Farbe; H 29 cm
RJM 43546

Venedig, Italien, 2008
Pappmaché, Farbe; H 25 cm

Urnäsch, Schweiz, um 1939
Metall, Kunststoff, Glas, Leder, Textil, Papier,
Alufolie, Farbe; H 68 cm

Hergestellt von Michael Pregl für das Rautenstrauch-Joest-
Museum, Admont, Österreich, 2009
Holz, Horn, Fell, Farbe; H 80 cm

Ekoi, Nigeria, Westafrika,
spätes 19./frühes 20. Jh.
Holz, Pergament, Pflanzenfaser;
H 41,5 cm
RJM 29210

Grasland, Kamerun, Westafrika,
spätes 19. Jh.
Holz; H 42 cm
RJM 19057

Makonde, Tansania, Ostafrika,
spätes 19./frühes 20. Jh.
Holz, Wachs, Farbe; H 20,5 cm
RJM 30432

Yoruba, Nigeria, Westafrika,
spätes 19./Mitte 20. Jh.
Holz, Farbe; H 29 cm
RJM 46878

Baule, Côte d'Ivoire, Westafrika, 20. Jh.
Holz, Farbe; T 88 cm
DL 233

Senufo, Côte d'Ivoire, Westafrika, 20. Jh.
Holz; T 80 cm
RJM 48625

Songye, Demokratische Republik Kongo,
Zentralafrika, spätes 19./frühes 20. Jh.
Holz, Farbe; H 32,5 cm
RJM 29090

Gurunsi, Burkina Faso, Westafrika, 20. Jh.
Holz, Pflanzenfaser, Farbe; T 130 cm
RJM 61856

Dogon, Mali, Westafrika, 20. Jh.
Holz, Farbe; H 91 cm
RJM 48582

Pende, Demokratische Republik Kongo, Zentralafrika, 20. Jh.
Holz, Pflanzenfaser, Farbe; H 42 cm
Restauriert mit Mitteln des Landes Nordrhein-Westfalen und der Stadt Köln, 2008
RJM 48964

Baga, Guinea, Westafrika, spätes 19./Mitte 20. Jh.
Holz, Metall; H 120 cm
RJM 47529

Dan, Liberia, Westafrika. 20. Jh.
Holz, Metall, Haar; H 33 cm
RJM 62048

Tshokwe, Angola, Zentralafrika, 20. Jh.
Pflanzenfaser, Textil, Harz; H 65,5 cm
RJM 49039

Mossi oder Kurumba, Burkina Faso, Westafrika, frühes 20. Jh.
Holz; H 71 cm
RJM 48607

Bamana, Mali, Westafrika, spätes 19./Mitte 20. Jh.
Holz, Metall; H 70 cm
RJM 43953

Sri Lanka, Südasien, 19. Jh.
Holz, Farbe, Metall; H 82 cm, H 132,5 cm
RJM 18907, 18908

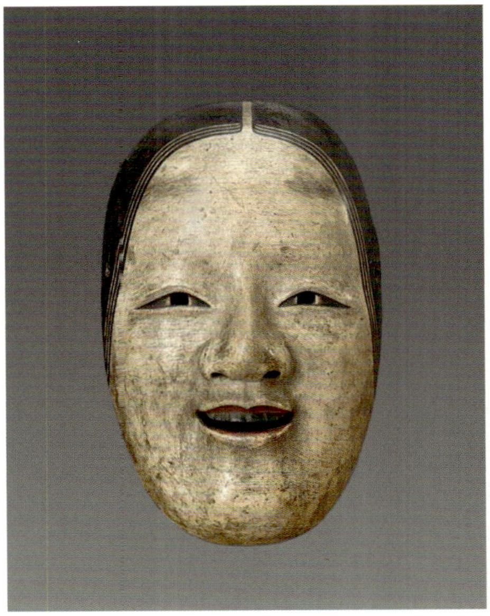

Japan, Ostasien, 17./18. Jh.
Holz, Farbe; H 21 cm
RJM 9960

Thailand, Südostasien, 19. Jh.
Pappmaché, Farbe, Blattgold; H 50 cm
RJM 2080

Ladakh, Indien, Südasien, 19./20. Jh.
Holz, Farbe; H 22 cm
RJM 62174

Nepal/Tibet, Zentralasien, 19./20. Jh.
Holz, Farbe; H 30 cm
RJM 63040

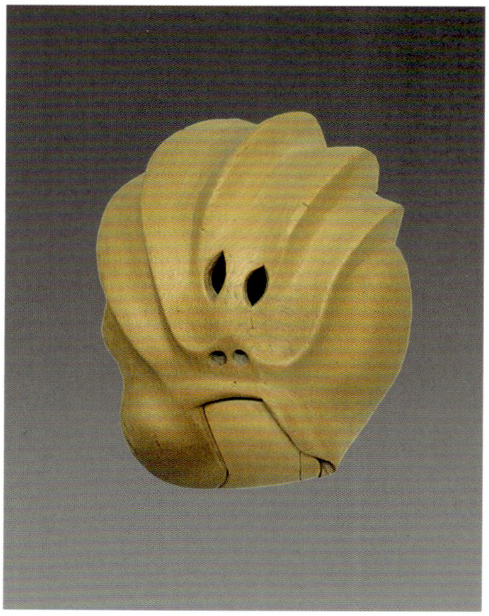

Mah-Meri, Malaysia, Südostasien,
Mitte 20. Jh.
Holz; H 32 cm
RJM 55420

Kayan/Kenyah, Zentralborneo,
Indonesien, Südostasien, 19. Jh.
Holz, Farbe; H 41,5 cm
RJM 63886

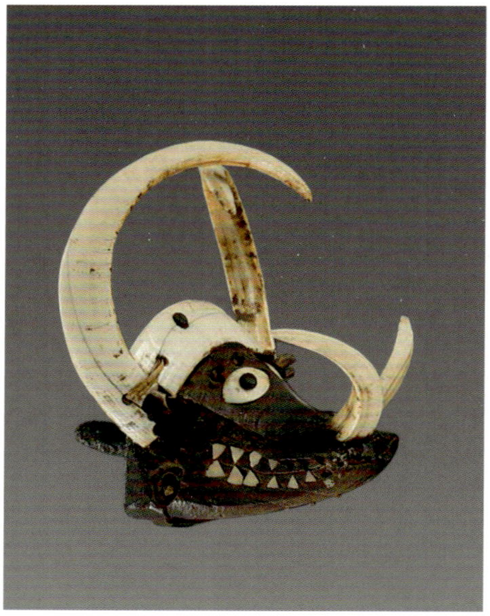

Leti, Indonesien, Südostasien, um 1900
Holz, Eckzähne des Ebers, Perlmutt; H 15 cm
RJM 36655

Toba-Batak, Sumatra, Indonesien,
Südostasien, frühes 20. Jh.
Holz, Metall, Farbe; H 60,5 cm, H 69 cm
RJM 49921, 49920

Timor, Indonesien, Südostasien,
1. Hälfte 20. Jh.
Holz, Fell, Farbe, Glas; H 46 cm
Restauriert mit Mitteln des Landes Nordrhein-Westfalen und der Stadt Köln, 2008
RJM 47951

Java, Indonesien, Südostasien, um 1900
Holz, Pergament, Farbe; H 47 cm
RJM 30249

Malekula, Vanuatu, Melanesien, 19. Jh.
Holz, Farbe; H 26 cm
RJM 31254

Witu-Inseln, Papua-Neuguinea, Melanesien, um 1900
Holz, Farbe; H 59,5 cm
RJM 20767

Sulka, Neubritannien, Papua-Neuguinea, Melanesien, frühes 20. Jh.
Pflanzenrohr, Pflanzenmark, Kasuarfedern; H 73 cm
Restauriert mit Mitteln des Landes Nordrhein-Westfalen und der Stadt Köln, 2008
RJM 24802

Elema, Papua-Golf, Papua-Neuguinea, Melanesien, frühes 20. Jh.
Rindenbast, Pflanzenrohr, Farbe; H 132,5 cm
RJM 35759

Nördliches Neuirland, Papua-Neuguinea, Melanesien, 19. Jh.
Holz, Rindenbaststoff, Pflanzenfaser; H 107,5 cm
RJM 4442

Neukaledonien, Melanesien, um 1900
Holz, Federn, Menschenhaar; H 140 cm
Restauriert mit Mitteln der Börner-Stiftung, Köln
RJM 19879

Mortlock-Inseln, Chuuk, Mikronesien,
19. Jh.
Holz, Farbe; H 61,5 cm
RJM 48565

Tarawai, Nordküste Papua-Neuguinea, Melanesien, 19. Jh.
Holz, Farbe; H 42,5 cm
RJM 1673

Ramu-Mündung, Papua-Neuguinea, Melanesien, 19. Jh.
Holz, Rotang, Farbe; H 40 cm
RJM 15943

Astrolabe Bay, Papua-Neuguinea, Melanesien, 19. Jh.
Holz, Farbe; H 47 cm
RJM 7197

Maprik-Region, Papua-Neuguinea, Melanesien, 20. Jh.
Lygodium-Farn, Farbe; H 43 cm
RJM 48351

Kiari, Huongolf-Region, Papua-Neuguinea, Melanesien, 19. Jh.
Holz, Farbe; H 54 cm
RJM 37802

Tami-Inseln, Huongolf-Region, Papua-Neuguinea, Melanesien, frühes 20. Jh.
Kokospalmblattscheide, Federn, Pflanzenrohr; H 106,5 cm
RJM 40651

Vermutlich Haida, Kanada,
Nordwestküste Nordamerika, 19. Jh.
Holz, Farbe; T 38 cm
RJM 6600

Vermutlich Seneca, USA, Nordamerika, 1955
Holz, Pferdehaar, Farbe; H 95 cm
RJM 46853

Awety, Brasilien, Südamerika, vor 1887
Holz, Fasern der Buriti-Palme, Farbe; H 106,5 cm
RJM 40492

Irokesen, Kanada/USA, Nordamerika, um 1900
Maisstroh, Leder; H 37 cm
RJM 26619

Westalaska, Nordamerika, um 1880
Holz, Federn, Farbe; H 59 cm
RJM 40406

Tsimshian, Kanada, Nordwestküste
Nordamerika, 19. Jh.
Holz, Farbe; H 22 cm
RJM 6607

Panama, Zentralamerika, 20. Jh.
Pappmaché, Farbe; H 53 cm
RJM 54396

Zuñi, USA, Nordamerika, um 1920
Leder, Federn; B 41,5 cm
RJM 49685

Kwakiutl, Kanada, Nordwestküste
Nordamerika, 19. Jh.
Holz, Perlmutt, Farbe; H 25 cm
RJM 6609

Erwachsen werden – Initiationsfeiern der Uramot-Baining auf Neubritannien, Melanesien

Der Übergang vom Kind zum Erwachsenen wird in vielen Gesellschaften rituell gefeiert. Mit der Initiation werden die Jugendlichen zu erwachsenen Menschen. Häufig begleitet der Auftritt von Ahnen- oder Geistermasken das Ritual.

Die Uramot-Baining bewohnen das Bergland im Nordosten der melanesischen Insel Neubritannien. Lebensgrundlage ist neben der Jagd der Feldbau. Den Höhepunkt der Reifefeiern der Jungen bildet nach einer Phase der Absonderung der Initianden ein spektakulärer nächtlicher Feuertanz. Die maskierten Tänzer verweisen mit ihrem Auftritt auf Geistwesen, die den Menschen gefährlich werden können. Über die ebenfalls von Maskentänzen begleitete Initiation der Mädchen ist bislang wenig bekannt. Wie bei den männlichen Reifefeiern werden die Initiandinnen auf einem verborgenen, dem anderen Geschlecht nicht bekannten Kultplatz im Busch in das Geheimnis der Frauenmaske eingeweiht.[3]

Die Initiation der Jungen ist nicht der einzige Anlass für einen Feuertanz. Heute wird er zudem auch im Rahmen von Gemeinschaftsprojekten, an Festtagen und für Touristen aufgeführt.

Nachttanz der Uramot-Baining
Gaulim, Neubritannien, Ozeanien, 1982

***Kavat*-Maske**
Uramot-Baining, Neubritannien, Ozeanien, 20. Jh.
Rindenbaststoff, Rotang; H 111 cm
RJM 53002

Kavat-Masken treten bei dem nächtlichen Feuertanz der Baining auf. Nach Einbruch der Dunkelheit erscheinen die schwarz und weiß bemalten und mit Büscheln aus Blattwerk geschmückten Maskenträger auf dem Tanzplatz. Begleitet von Gesang und dem Rhythmus von Stampfhölzern tanzen sie um und durch das Feuer. Den Initianden präsentiert man die unter Ausschluss der Frauen gefertigten Masken im Buschlager vor dem Auftritt, doch ist ihnen noch nicht erlaubt, sie zu tragen.

Für Frauen und Felder – Fruchtbarkeitsrituale bei den Bwaba, Burkina Faso, Westafrika

Nahrung und Nachwuchs sind für Gemeinschaften von existenzieller Bedeutung. Durch Rituale versuchen Menschen in vielen Kulturen sich der Quelle ihres Fortbestehens, der Fruchtbarkeit, zu versichern.

Bei den Bwaba im westafrikanischen Burkina Faso spielen die Maskenauftritte vor Beginn der Feldbauperiode im Mai eine große Rolle. Die Maskensaison beginnt mit dem Auftritt der Figur *mwiha* und der Masken. *Mwiha* gilt als Mutter der ältesten Maske der Bwaba, der Affenmaske. Sie wacht über Gedeihen und Wohlergehen eines Dorfes. Begleitet von den Masken wird *mwiha* von Gehöft zu Gehöft getragen und mit Hühnerblut beopfert, um so das ganze Dorf an ihrer Fruchtbarkeit spendenden Kraft teilhaben zu lassen.
Während des übrigen Jahres treten die Masken auch bei Aussaat- und Erntefesten, Initiationsritualen für Jungen und Mädchen, bei Totenfeiern oder einfach zur Unterhaltung an Markttagen und bei nationalen Festivals auf.
Die Masken befinden sich im Besitz von Familien. Häufig stellen sie übernatürliche Wesen dar, die einem Ahnen der Familie in der Wildnis begegnet sind, ihn beschützt oder ihm geholfen haben. Ihre Tanzschritte imitieren die charakteristischen Bewegungen des jeweiligen Geistes. Die Muster auf den Masken bilden die seit den 1960er Jahren von der Regierung verbotene Narbentatauierung nach, die die ethischen Grundsätze der Bwaba verbildlichte.
Meist sind die Besitzer einer Maske die Eltern des jeweiligen Tänzers, eines jungen Mannes, den man im Alltag an seiner starken Nackenmuskulatur erkennt, da eine Maske inklusive Gewand bis zu 30 Kilogramm wiegen kann. Auch wenn die Masken nur von Männern getragen werden, üben Frauen eine wichtige Rolle in der Maskenperformance aus: Sie singen die Masken an, arrangieren deren Kostüme und heben die Hand des Tänzers am Ende eines Tanzes in einer Geste des Lobpreisens.

Bwa-Masken ziehen durch ein Dorf
Burkina Faso, Westafrika, Ende 20. Jh.

Brettmaske *nwantantay*
Bwa, Burkina Faso, Westafrika, 20. Jh.
Holz, Farbe, H 197,5 cm
RJM 48605

Das Schachbrettmuster symbolisiert den Gegensatz zwischen Alt und Jung, zwischen Wissen und Unwissen. Es stellt die Ziegenfelle dar, auf denen die Männer bei Zeremonien sitzen: weiß und neu sind sie bei den noch unerfahrenen Jungen, dunkel vom jahrelangen Gebrauch bei den kenntnisreichen Älteren.

Büffelmaske
Bwa, Burkina Faso, Westafrika, 20. Jh.
Holz, Farbe; H 87 cm
RJM 61862

Vogelmaske
Bwa, Burkina Faso, Westafrika, 20. Jh.
Holz, Farbe; B 138,5 cm
RJM 62436

Schlangenmaske
Bwa, Burkina Faso, Westafrika, 20. Jh.
Holz, Farbe; H 356 cm
Erworben mit Mitteln der Kulturstiftung der Kreissparkasse Köln
RJM 62435

Krankheit und Dämonen – Heilrituale auf Sri Lanka, Südasien

Warum werden Menschen krank? Erklärungsansätze gibt es weltweit viele – alle resultieren aus komplexen Weltbildern. Bei uns stehen seit der Aufklärung naturwissenschaftliche Erkenntnisse hoch im Kurs, in anderen Kulturen wird ›Krankheit‹ oft ganzheitlicher betrachtet.

Dämonen repräsentieren bei den Singhalesen im ländlichen Süden der Insel Sri Lanka die ›verkehrte Welt‹: Ihr Verhalten widerspricht den in der Welt der Menschen gültigen Werten. Verstößt ein Mensch durch falsche Lebensführung gegen die tradierte Ordnung, wird er anfällig für die Angriffe von Dämonen, die Krankheiten aller Art mit sich bringen. Heilung verspricht dann nur die Durchführung eines nächtlichen Rituals, bei dem maskierte Tänzer auftreten; sie repräsentieren die Dämonen, die den Patienten krank gemacht haben. Nur durch reiche Gaben sind sie zu zähmen. Im Spiegel der Dämonen, die der Ritualleiter als Opfer ihrer zügellosen Triebe entlarvt, erkennt der Patient, dass ihn seine eigene falsche Lebensführung aus dem inneren Gleichgewicht gebracht hat. So kann er sich von seinem Fehlverhalten distanzieren und genesen.

Nächtliche Heilzeremonie
Karandeniya, Sri Lanka, Südasien, 1998

Auf dem mit Öllampen erleuchteten Ritualplatz locken Trommelklänge, Tänze, Räucherwerk und die Rezitationen des Ritualleiters die Krankheitsdämonen herbei. Als letzter erscheint gegen Morgen ihr Anführer. Gierig will er sich des hinter einer Abtrennung sitzenden Kranken bemächtigen, doch zwei Gottheiten in Wächtergestalt hindern ihn daran. Weder Gewalt noch Bestechung führen zum Erfolg. Schließlich erwirkt der Ritualleiter die Bereitschaft des Anführers der Krankheitsdämonen, die Gaben des Kranken für sich und sein Gefolge anzunehmen. Daraufhin ziehen die Dämonen ihre krank machenden Einflüsse zurück.

Kana Sanniya
Südwestküste von Sri Lanka, Südasien, Ende 19. Jh.
Kaduru-Holz, Farbe, Haare, Pflanzenfasern; H 31 cm
RJM 18814

Der Dämon verursacht Sehstörungen, manchmal auch vorübergehende Blindheit; das beschädigte Auge verweist auf die Krankheit.

Daha Ata Sanni Yakku
Südwestküste von Sri Lanka, Südasien, Ende 19. Jh.
Kaduru-Holz, Farbe; H 96,5 cm
RJM 18676

Die Maske zeigt in zentraler Position Prinz Maha Kola in seiner Erscheinung als Kola Sanniya. Er ist der Anführer von 18 Krankheitsdämonen, die ihn flankieren. Er ernährt sich von Leichen. Fünf Kobras krönen sein Haupt; sie symbolisieren die verschiedenen Arten von Kopfschmerzen, die er verursacht. Nachdem seine Mutter ermordet worden war, brachten Kola Sanniya und seine Begleiter großes Leid über den Mörder.

Ausgleich von Gut und Böse – Barong und Rangda auf Bali, Indonesien, Südostasien

Dichotomien wie oben und unten, hell und dunkel, gut und böse existieren in den Vorstellungen vieler Kulturen. Um in Harmonie leben zu können, sucht man unterschiedliche Wege der Akzeptanz oder Überwindung von Gegensätzen.

Im balinesischen Weltbild steht der Mensch zwischen zwei Polen, von denen positive und negative Kräfte ausgehen, die das kosmische Gleichgewicht ständig bedrohen. Sie manifestieren sich in den sakralen Mächten Barong und Rangda, den wirkmächtigen Repräsentationen der weißen und schwarzen Magie. Als Zeichen des Ausgleichs treten die antagonistischen Mächte bei Tempelfesten in Erscheinung, bei Prozessionen beschützen sie das Dorf, seine Bewohner und ihre Felder, und anlässlich von Unglücksfällen treffen sie im rituellen Kampf aufeinander, um die Harmonie des Kosmos wiederherzustellen.
In fast allen Dörfern und Wohnvierteln, vor allem im Süden und Osten von Bali, werden Barong und Rangda verehrt. Die Anfertigung ihrer aufwendigen Masken und Kostüme wird von den Göttern eingefordert und von den Priestern vermittelt: Die Dorfgemeinschaft hat einer solchen Forderung Folge zu leisten, auch wenn dies hohe finanzielle Belastungen mit sich bringt. Nur noch wenige Schnitzkünstler besitzen die spirituelle Stärke und das handwerkliche Können, die auf Bali als Voraussetzung für den von zahlreichen Zeremonien begleiteten Herstellungsprozess der Masken gelten. Cokorda Raka Tisnu, der im Auftrag des Rautenstrauch-Joest-Museums 2005/06 die ausgestellten Masken anfertigte, schnitzt bereits in achter Generation sakrale Masken aus dem Holz des Pulé-Baumes, der auf dem Friedhof seiner Väter und Vorväter wächst. Auch wenn die Ikonografie durch die Tradition weitgehend festgelegt ist, verdankt sich der individuelle Ausdruck jeder Maske allein der Inspiration und Kunstfertigkeit des Schnitzers.
Geweihte Masken werden stets im Totentempel aufbewahrt, wo sie vom Priester regelmäßig Opfergaben bekommen. Werden sie bei rituellen Anlässen angelegt, gehen ihre kosmischen Energien vorübergehend auf die Maskenträger über, die dann häufig in Trance fallen. Nur vom Priester zuvor rituell gereinigte Männer gehen unbeschadet aus der direkten Konfrontation mit den göttlichen Energien hervor.

Barong-Prozession durch die Felder
Mas, Südbali, Indonesien, Südostasien, 2006

Nach der Ernte zieht die Dorfgemeinschaft mit Barong und Rangda durch die Reisfelder; zum Abschluss der Prozession bittet der Priester die Götter um anhaltende Fruchtbarkeit für Felder, Tiere und Menschen.

Cokorda Raka Tisnu
Singapadu, Südbali, Indonesien, Südostasien, 2005

Die Maske eines Schweine-Barong ist fertig geschnitzt – eine Priesterin führt im Beisein des Schnitzers Cokorda Raka Tisnu und einer Delegation aus dem Dorf seiner Auftraggeber die erste Farbgebungszeremonie durch.[4]

Barong – Rituelle Reinigung vor der Abreise
Hergestellt von Cokorda Raka Tisnu für das Rautenstrauch-Joest-Museum, Singapadu, Südbali, Indonesien, Südostasien, 2006
Holz, Leder, Textil, Pflanzenfaser, Haar, Metall, Glas, Spiegel, Farbe; T 275 cm
Erworben mit Mitteln der Kölner Kulturstiftung der Kreissparkasse Köln 2006
RJM 62600 – 62606

Barong ist ein zoomorpher Schutzgeist, der vor allem im Süden Balis häufig die Gestalt eines Löwen-Drachen-Mischwesens annimmt. Im komplexen Weltbild der Balinesen gilt Barong als die höchste Repräsentation der weißen Magie. Als König der Baumgeister bewohnt er den heiligen *Pulé*-Baum auf dem Friedhof. Dort bewacht er die Seelen der temporär bestatteten, jedoch noch nicht verbrannten Verstorbenen und schützt sie und die Dorfbewohner vor Rangda, seiner Gegenspielerin.

Rangda – Vorbereitung für den Transport nach Köln
Hergestellt von Cokorda Raka Tisnu für das Rautenstrauch-Joest-Museum, Singapadu, Südbali, Indonesien, Südostasien, 2006
Holz, Leder, Textil, Pflanzenfaser, Haar, Metall, Glas, Spiegel, Farbe; H 199 cm
Erworben mit Mitteln der Kölner Kulturstiftung der Kreissparkasse Köln 2006
RJM 62591 – 62597

Rangda gilt den Balinesen als eine Form der gefürchteten Todesgöttin Durga. Sie ist zudem die Königin der Hexen, die den Menschen Krankheit, Tod und Verderben bringen. Rangda beherrscht die schwarze Magie wie keine andere; ihren Gegenspieler Barong kann sie jedoch nie besiegen, da das Gleichgewicht der kosmischen Kräfte die Grundlage der balinesischen Weltordnung ist.

Anmerkungen

2 Reisspeicher

1 Ich danke Turo Todingan, der mich an seinem reichen Wissen teilhaben ließ.

3 Musik

1 *Indonesien in der deutschen Geisteswelt: Von Goethe bis Emil Nolde.* Literarisches und Kurioses aus drei Jahrhunderten zusammengestellt, kommentiert und herausgegeben von Heinrich Seemann, Jakarta 1996, S. 41 f.

2 Rüdiger Siebert: *Deutsche Spuren in Indonesien. Zehn Lebensläufe in bewegten Zeiten.* Bad Honnef 2002, S. 86

3 Walter Spies in einem Brief vom 12. März 1924 an seine Schwester Daisy in Deutschland (Walter Spies-Archiv im Rautenstrauch-Joest-Museum, Köln)

4 Grenzüberschreitungen

1 Georg Forster: *Reise um die Welt.* Frankfurt a. M. 1983, S. 18 [1. dt. Fassung: Berlin 1778–80]

2 Willy Foy: *Führer durch das Rautenstrauch-Joest-Museum (Museum für Völkerkunde) der Stadt Cöln.* Köln 1906, S. 28–29

3 Wilhelm Joest: *Welt-Fahrten. Beiträge zur Länder- und Völkerkunde,* Bd. 2. Berlin 1895, S. 206

4 Immanuel Kant: »Eine Sehnsucht, die die Robinsone und die Reisen nach den Südseeinseln so reizend macht«, in: Gerd Stein (Hg.): *Europamüdigkeit und Verwilderungswünsche.* Frankfurt a. M. 1984, S. 114–115 [Auszug aus »Mutmaßlicher Anfang der Menschheitsgeschichte« von 1786]

5 Edward W. Said: *Kultur und Imperialismus. Einbildungskraft und Politik im Zeitalter der Macht.* Frankfurt a. M. 1994, S. 442

6 Die Tagebücher Wilhelm Joests befinden sich im Archiv des Rautenstrauch-Joest-Museums.

7 Wilhelm Joest: *Welt-Fahrten,* Bd. 1. Berlin 1895, S. 204–205

8 Ders.: *Welt-Fahrten,* Bd. 2. Berlin 1895, S. 251

9 Ebd.: S. 252

10 Ders.: *Um Afrika.* Köln 1885, S. 196

11 Joest in einem Schreiben an den Vorsitzenden der BGAEU, in: *Verhandlungen der Berliner Gesellschaft für Anthropologie, Ethnologie und Urgeschichte.* Berlin 1883, S. 329

12 Wilhelm Joest: *Welt-Fahrten,* Bd. 1. Berlin 1895, S. 225

13 Ders.: *Tätowiren, Narbenzeichnen und Körperbemalen.* Berlin 1887, S. 109

14 Max von Oppenheim, Lebenserinnerungen (unveröffentlicht)

15 Ebd.

5 Vorurteile

1 http://www.heinrichluebke.de/madagaskar.html

6 Museum

1 Willy Foy: *Führer durch das Rautenstrauch-Joest-Museum (Museum für Völkerkunde) der Stadt Cöln.* Köln 1906, S. 21

2 Wenn Europa konzeptuell berücksichtigt wurde, dann handelte es sich immer um traditionale Elemente, die sich in Sitten und Gebräuchen vornehmlich ländlicher Bevölkerungsgruppen manifestierten, nie um die Industriekultur: »Was daher uns Europäer von den primitiven Völkern scheidet, ist keine unüberbrückbare Kluft. Im Gegenteil, nur unsere moderne Oberkultur mit ihrer hervorragend entwickelten Wissenschaft und Kunst und mit ihrer alles beherrschenden Technik ist das Trennende.« (Willy Foy: *Führer durch das Rautenstrauch-Joest-Museum [Museum für Völkerkunde] der Stadt Cöln.* Köln 1906, S. 32)

3 Wechselausstellungen betrifft dieses Problem weniger, da sie meist thematisch schärfer gefasst sind und mittels Leihgaben einen größeren Zeithorizont umfassen können.

4 Zeitlos im strikten Sinne ist eine Bewertung von Objekten als Kunstwerke natürlich insofern nicht, als dass die Beurteilungskriterien für Kunst selbst zeitbedingt sind. So können zum Beispiel Textilien, die zuvor vielleicht als Kunsthandwerk betrachtet wurden, irgendwann als Kunstwerke ›entdeckt‹ werden.

5 Dass Rückgabeforderungen eine Reihe nicht immer leicht zu lösender juristischer wie ethischer Fragen aufwerfen, ist unbestritten. Wer gilt zum Beispiel als legitimer Vertreter einer zwar indigenen, aber nicht unbedingt homogenen Gemeinschaft? Inwieweit dürfen heute Nationalstaaten als territoriale Nachfolger der früheren Kolonien das Kulturerbe der lokalen ethnischen Gruppen als nationales Erbe beanspruchen?

6 Vgl. z. B. Prinzessin Salote Pilolevu Tuita von Tonga in ihrem Grußwort zur Cook-Ausstellung in der Kunst- und Ausstellungshalle der Bundesrepublik Deutschland in Bonn, Kat. *James Cook und die Entdeckung der Südsee.* München 2009, S. 8

7 Vgl. S. 25–33 in George F. Macdonald u. Stephen Alsford: »Canadian Museums and the Representation of Culture in a Multicultural Nation«, in: *Cultural Dynamics* 7 (1), 1995, S. 15–36

8 Leo Frobenius: *Vom Schreibtisch zum Äquator: Planmässige Durchwanderung Afrikas.* Frankfurt a. M. 1925, S. 19

9 Vgl. z. B. Fritz Graebner, der 1908 konstatiert: »Denn eben durch die koloniale Arbeit wird ja von Jahr zu Jahr für die ethnologische Wissenschaft unersetzliches Material zerstört, und so hoffen wir auch gerade von der Kolonialverwaltung, dass sie nach Kräften hilft, durch intensive Arbeit zu retten, so viel zu retten ist.« (S. 216 in: »Der Neubau des Berliner Museums für Völkerkunde und andere praktische Zeitfragen der Ethnologie«, in: *Globus* 94 [14], 1908, S. 213–216). Auch der Weltreisende und Ethnograf Wilhelm Joest verwendete die Phrase, die fast zu einer festen Redewendung geworden war. Im angelsächsischen Sprachraum bürgerte sich für diese Art der Ethnologie die Bezeichnung *salvage anthropo-*

logy ein.

10 Harry Beran: »The Iconography of the War Shields of the Trobriand Islands of Papua New Guinea: An Interpretation Recorded by Malinowski and Explained by Paramount Chief Pulayasi«, in: Christina Hellmich u. Robert Welsch (Hg.): *Pacific Diaspora: People, Ideas, and Art on the Move* (in Vorbereitung)

11 Ich danke Harry Beran für seinen Hinweis auf das irreführende Fotomotiv.

7 Kunst

1 Christoph Antweiler: *Heimat Mensch: Was uns alle verbindet.* Hamburg 2009, S. 99 f.

2 Ich danke Frau Kerstin Schankweiler für diese Anregung.

3 Karl-Heinz Kohl: »Kontext ist Lüge«, in: *Paideuma* 54, Frankfurt a. M. 2008, S. 217–221

4 Dieter Koepplin: *Warum kopierte Alberto Giacometti ältere Kunst? Zu einigen Zeichnungen hauptsächlich im Kupferstichkabinett Basel.* Basel 1995, S. 3

5 Eckart von Sydow: *Exotische Kunst. Afrika und Ozeanien.* Leipzig 1921, S. 26

8 Wohnen

1 Sylvia Behrends u. Kristina Kott: *Zuhause in Deutschland: Ausstattung und Wohnsituation privater Haushalte.* Hg. v. Statistischen Bundesamt, Wiesbaden 2009, S. 7

2 Vgl. Interview mit Rita Süssmuth in EZ 10/2004: http://www.inwent.org/E+Z/content/archiv-ger/10-2004/schwer_art1.html

3 Kerstin Pinther: »Stadt zwischen Himmel und Hölle: Visuelle Kultur und Stadterfahrung in Ghana«, in: Clara Himmelheber, Marjorie Jongbloed u. Marcel Odenbach (Hg.): *Der Hund ist für die Hyäne eine Kolanuss. Zeitgenössische Kunst und Kultur aus Afrika.* Jahresring 49. Köln 2002, S. 34–47

4 Henning Sussebach: »Unser Deutsches Dorf«, in: *Die Zeit.* 13.10.2005, S. 71

9 Kleidung und Schmuck

1 Alexandra Mörz: *Kleidung und Identität – Zur Symbolik des Kopftuchs in der Türkei.* Magisterarbeit im Fachbereich Ethnologie/Volkskunde der Ludwig-Maximilians-Universität München. München 2005, S. 20–31

2 Bernhard Gardi: *Boubou – c'est chic: Gewänder aus Mali und anderen Ländern Westafrikas.* Basel 2000, S. 108

3 J. Winkler: »Batakische Zauberdoktoren«, in: *Die Ärztliche Mission* 2, 1907, S. 49–60, 66–67 (zitiert in: Achim Sibeth: *Batakische Kunst aus Sumatra.* Frankfurt a. M. 2000, S. 39)

10 Tod und Jenseits

1 Ich danke I Ketut Budiana, der mich an seinem reichen Wissen teilhaben ließ.

2 F. Kramer: »Der Götzendienst der Niasser«, in: *Tijdschrift voor Indische Taal-, Land- en Volkenkunde* 33, 1890, S. 473 f. (zitiert in: J. A. Feldman et al.: *Nias Tribal Treasures. Cosmic Reflections in Stone, Wood and Gold.* Volkenkundig Museum Nusantara, Delft 1990, S. 31)

11 Religionen

1 Markus Hero, Volkhard Krech, Helmut Zander (Hg.): *Religiöse Vielfalt in Nordrhein-Westfalen. Empirische Befunde und Perspektiven der Globalisierung vor Ort.* Paderborn 2008

2 Ulrich Harbecke: *Das Kölner Buch der Religionen.* Reinfeld in Holstein 2009

3 Johann Grolle: »Hotline zum Himmel«, in: *Der Spiegel* 21, 2002, S. 190–201

12 Rituale

1 Richard Weihe: »Person und Maske: ›Sua cuique persona‹ als Schema der Maskierung«, in: Sylvia Ferino-Pagden (Hg.): *Wir sind Maske.* Wien 2009, S. 23, 26–27

2 Claudia Augustat: »Veränderung und Verwandlung: eine ethnologische Perspektive«, in: Sylvia Ferino-Pagden (Hg.): *Wir sind Maske.* Wien 2009, S. 264–267

3 Ich danke Antje Kelm für den Hinweis auf die heutige Initiation der Baining-Mädchen.

4 Ich danke Cokorda Raka Tisnu für zahlreiche Hinweise.

Autorinnen und Autoren

Prof. Dr. Marianne Bechhaus-Gerst
Afrika-Historikerin und -Linguistin, Institut für Afrikanistik der Universität zu Köln
Seiten: 60–67

Dr. Jutta Engelhard
Stellvertretende Direktorin und wissenschaftliche Referentin für Insulares Südostasien, Rautenstrauch-Joest-Museum
Seiten: 10–15, 18–21, 24–33, 104–105, 111–113, 182–189, 192–203, 208–211, 222–225, 264–265, 280–283
mit **Anna Wischkowski-Mey:** 278–279

Dr. Burkhard Fenner
Wissenschaftlicher Referent für Ozeanien, Rautenstrauch-Joest-Museum
Seiten: 36–47, 70–81, 88–89, 92–93, 101, 107, 110, 115, 134–137, 214–217, 266–269, 272–273

Dr. Clara Himmelheber
Wissenschaftliche Referentin für Afrika, Rautenstrauch-Joest-Museum
Seiten: 100–101, 108–109, 118–121, 130–133, 212–213, 252–261, 274–277
mit **Klaus Schneider:** 91, 94–95, 98–99, 102–103, 114

Brigitte Majlis M.A.
Wissenschaftliche Referentin für Textilien, Rautenstrauch-Joest-Museum
Seiten: 140–179, 190–191, 206–207, 218–219, 262–263, 270–271
mit **Krischan Ostenrath:** 226–227, 236–237
mit **Ulrich Wiesner:** 48–57, 90, 122–125, 228–235, 238–249

Prof. Dr. Klaus Schneider
Direktor, Rautenstrauch-Joest-Museum
Seiten: 84–87

Dr. Stefanie Teufel
Wissenschaftliche Referentin für Amerika, Rautenstrauch-Joest-Museum
Seiten: 96–97, 106, 204–205
mit **Clifford Crane Bear** und **Lea Zuyderhoudt:** 126–129

Mitautorinnen und -autoren

Clifford Crane Bear
Kurator, Glenbow Museum in Calgary, Alberta, Kanada

Krischan Ostenrath M.A.
Religionswissenschaftler, Wissenschaftsladen Bonn e.V.

Dr. Ulrich Wiesner
Ehemaliger Oberkustos für Asien, Rautenstrauch-Joest-Museum

Anna Wischkowski-Mey M.A.
Ethnologin

Lea Zuyderhoudt
Doktorandin, Universität Leiden (Anthropological Department)

Foto- und Copyrightnachweis

Fotos der Objekte des Rautenstrauch-Joest-Museums – Kulturen der Welt
© Rheinisches Bildarchiv, Köln: 87, 129 (oben), 160 (oben), 172 (oben), 177 (unten), 212/213, 217, 233 (rechts), 245, Foto Wolfgang A. Meier: 2, 21, 31, 32, 44/45, 64, 65 (links), 66 (links), 67 (links), 77 (rechts), 78/79, 80 (unten), 81 (rechts), 89/90, 91 (rechts), 93-95, 97, 99-103, 105-112, 113 (rechts), 114 (links), 115 (rechts), 122, 124 (unten), 125, 128 (oben), 132, 133 (rechts), 136, 137 (oben), 148, 149 (oben), 152/153, 155/156, 157 (oben), 160 (unten), 161, 165/166, 169 (oben), 171, 172 (unten), 173 (oben), 175, 177 (oben), 178, 179 (oben), 188 (oben), 189, 190/191, 195/196, 200-203, 205, 209-211, 215/216, 219, 228/229, 231, 235, 239, 240 (oben), 243, 244 (oben), 247, 256-271, 273, 275-277, Foto Helmut Buchen: 98 (links), 163, 167 (oben), 168, 206/207, 227, 233 (links), 279 / Rautenstrauch-Joest-Museum – Kulturen der Welt, Köln: Foto Jörg Hejkal: 52/53, 124

Raumfotos
© Martin Claßen und Arno Jansen, Köln: Umschlagvorderseite, 16/17, 22/23, 34/35, 58/59, 68/69, 82/83, 116/117, 123, 127, 131, 135, 138/139, 180/181, 220/221, 250/251, Umschlagrückseite

Sonstige Abbildungen
© Rowland Abiodun: 167 (unten) / Tim Adzima: 121 / Tropenmuseum, Amsterdam 10000813: 170 / Mügül Andrews: 154 / Museum der Kulturen, Basel: 199 (unten), Foto René Gardi: 115 (links), Foto Alfred Bühler: 179 (unten) / Sammlung Herzog, Basel: Foto Albert Rousseau: 164 / Berliner Gesellschaft für Anthropologie, Ethnologie und Urgeschichte, Berlin: 42/43 / bpk Skulpturensammlung, Staatliche Museen zu Berlin, Kaiser Friedrich-Museums-Verein, Berlin: Foto Reinhard Saczewski: 185 / Staatliche Museen zu Berlin, Ethnologisches Museum (ehem. Slg. BGAEU): 38 (unten) / Michael Bialk: 254 (oben) / Pfarreiengemeinschaft »Am Ennert«, Bonn: 65 (Mitte) / Mia Sara Bruch: 141 / Max Ernst Museum, Brühl: Foto Robert Lebeck: 86 / Glenbow Archives, Calgary: 126, 128 (unten) / Peabody Museum, Cambridge: Foto Teobert Maler: 96 / National Archives of Australia, Canberra: 76 / National Gallery of Australia, Canberra: 147 / National Library of Australia, Canberra: 162 / Christiane Clados: 204 / Hiltrud Cordes: 187 (unten), 188 (unten) / Antiquariat Minerva, Den Haag: Foto Hung Wan Foon: 149 (unten) / Jeroen Efferich: 142 (oben) / Eva Eichenberger: 144 / Jutta Engelhard: 18, 20/21, 27, 33, 186, 187 (oben), 192-194, 197, 226, 281-283 / Das Fotoarchiv, Essen: Foto Henning Christoph: 183, Foto Peter Schickert: 225 / Anja Fischer: 130 / Museum der Weltkulturen, Frankfurt a. M.: 60 (unten) / Maren Gräf: 234 / Jung von Matt, Hamburg: 118 (oben) / Museum für Völkerkunde, Hamburg: Foto Müller-Wismar: 104, 169 / Deutsches Apotheken-Museum, Heidelberg: 67 (Mitte) / Armin Heinevetter: 142 (unten) / Roemer- und Pelizaeus-Museum, Hildesheim: 174 / Lorenz Homberger: 98 (rechts) / Michel Huet: 274 / Little World Museum of Man, Inuyama: 120 (oben) / Thorsten Jansen: 218 / Hilde Jensen, Universität Tübingen 25 (oben) / Hannimari Jokinen, www.afrika-hamburg.de: 65 (rechts) / Vibha Joshi: 178 (rechts) / Iris Kaebelmann: 184 / Woo Wai Kee: 25 (unten) / Matthias Kiefel: 60 (oben) / Deutsches Bundesarchiv, Koblenz 183-R43302: 145 / Architekturbüro Paul Böhm, Köln: 224 (oben) / Hausarchiv Max Freiherr von Oppenheim-Stiftung, Köln: 48, 51, 55, 57 / Indischer Kulturverein Bharat Samiti, Köln: 248 / Museum Ludwig, Köln: Foto Rheinisches Bildarchiv, Köln: 85 / Rautenstrauch-Joest-Museum – Kulturen der Welt, Köln: 36/37, 38 (oben), 39, 70, 72, 159, 208, Foto Hans Helfritz: 24 / Gunter Konrad: 134 / Ursula Konrad: 137 (unten) / National Museum of Ethnology, Leiden: Foto Petrus Drabbe: 151 / Stephanie Lüerßen: 71 / Borwin Lüth: 244 (unten) / Brigitte Majlis: 238, 240 (unten), 246 / Cornelia Mallebrein: 224 (unten), 230, 232, 237, 241/242, 249 / mauritius images, Mittenwald: Foto Jan Halaska: 182 / Timo Mugele: 253 / Germanisches Nationalmuseum, Nürnberg: 118 (unten) / Wolfgang Ott: 255 / Galerie Jean Marc Patras, Paris: Foto Daniel Lainé: 173 (unten) / Privatsammlungen: 61, 120 (unten), 140 / John Quinn: 143 / Ludwig Theodor von Rautenstrauch: 46 / Jürgen Reichart: 26 / Raoul Ries: 254 (unten) / Stefan Rohde-Enslin: 28 / Reimar Schefold: 19 / Anne Schiller: 199 (oben) / Volker Schneider: 272 / Thomas K. Seligman: 133 (links) / Gunter Senft, Max-Planck-Gesellschaft: 80 (oben) / Achim Sibeth: 157 (unten) / Dirk Smidt: 176 / Edgar Sommer: 132 (unten) / Fotoarchiv Linden-Museum, Stuttgart: 166 (unten rechts) / Sammlung KMZA, Tervuren AP.0.0.1622: Foto F. L. Michel: 109 (links) / Tom: 62 / Museum Schloss Hohentübingen, Tübingen: 92 / Appenzeller Brauchtumsmuseum, Urnäsch: Foto Erika Meier-Kist: 252 / Erik de Vries: 223 / Anna Wischkowski-Mey: 278 /www.derbraunemob.de: 64 (Mitte) / Zakysant: 63 (Mitte) / Lea Zuyderhoudt: 129 (unten)

© VG Bild-Kunst, Bonn 2010
Max Ernst, Karl Schmidt-Rottluff

Abbildungen aus Literatur
Thomas Joshua Alldrige: *The Sherbro and its Hinterland.* London 1901: 91 (links)
Arthur Baessler: *Neue Südsee-Bilder,* Berlin 1900, Taf. 32: 47
George Brown: *Melanesians and Polynesians,* London 1910, S. 154: 81 (links)
Willy Foy: Das städtische Rautenstrauch-Joest-Museum für Völkerkunde in Cöln. In: *Ethnologica* Bd. 1, Leipzig 1909, S. 10: 74
Elio Modigliani: *Un viaggio a Nias.* Tav. VII. Mailand 1890: 113 (links)
William O. Oldman: *Illustrated Catalogue of Ethnographical* Specimens No. 34-35, London 1906: 77 (links)
V. Rouvroy: Le Lilwa. District de l'Atkwini. Territoire des Bambole. In: *Congo* 1 (5), 1929, S. 783-798: 114 (rechts)

Trotz intensiver Recherche konnten die Urheberrechte sowie die Fotografen der abgebildeten Werke nicht in jedem Fall ermittelt werden. Berechtigte Ansprüche werden selbstverständlich im Rahmen der üblichen Vereinbarungen abgegolten.

Ethnologica Neue Folge Band 28
Im Auftrag der Museumsgesellschaft RJM
Herausgegeben von Jutta Engelhard und Klaus Schneider, Köln 2010

Autorinnen und Autoren
Marianne Bechhaus-Gerst, Jutta Engelhard, Burkhard Fenner, Clara Himmelheber, Brigitte Majlis, Klaus Schneider, Stefanie Teufel mit Clifford Crane Bear, Krischan Ostenrath, Ulrich Wiesner, Anna Wischkowski-Mey, Lea Zuyderhoudt

Redaktion
Jutta Engelhard, Burkhard Fenner, Clara Himmelheber, Iris Kaebelmann, Brigitte Majlis

Bildredaktion
Iris Kaebelmann

Lektorat
Thomas Donga-Durach
mit Jutta Engelhard, Burkhard Fenner, Paul Harris, Clara Himmelheber, Brigitte Majlis

Grafische Gestaltung
Monika Hagenberg
mit Jutta Engelhard, Clara Himmelheber, Brigitte Majlis

Verlagsredaktion
Justine Lipke

Gesamtherstellung
Wienand Verlag, Köln
www.wienand-verlag.de

Gefördert von
Kreissparkasse Köln

Museumsgesellschaft RJM

ISSN 0071-1845
ISBN (Museum) 978-3-923158-45-4
ISBN (Buchhandelsausgabe) 978-3-86832-035-0

Bibliografische Information der Deutschen Nationalbibliothek
Die Deutsche Nationalbibliothek verzeichnet diese Publikation in der Deutschen Nationalbibliografie; detaillierte bibliografische Daten sind im Internet über http://dnb.d-nb.de abrufbar.

Umschlagvorderseite
Reisspeicher aus Tana Toraja, Südsulawesi, Indonesien, Südostasien, im Rautenstrauch-Joest-Museum – Kulturen der Welt

Umschlagrückseite
Foyer Rautenstrauch-Joest-Museum – Kulturen der Welt

Frontispiz
Tür mit Szene aus der Krishna-Legende
Orissa, Südostindien, Südasien, 19. Jh.
Holz, Farbe; H 164 cm
RJM 60609